Gerenciamento da comunicação em projetos

Central de Qualidade — FGV Management
ouvidoria@fgv.br

Publicações FGV Management

SÉRIE GERENCIAMENTO DE PROJETOS

Gerenciamento da comunicação em projetos

2ª edição

Lúcio Edi Chaves

Fernando Henrique da Silveira Neto

Gerson Pech

Margareth Fabiola dos Santos Carneiro

FGV management

FGV EDITORA

ISBN – 978-85-225-0815-0

Direitos desta edição reservados à EDITORA FGV
Rua Jornalista Orlando Dantas, 37
22231-010 | Rio de Janeiro, RJ | Brasil
Tels.: 0800-021-7777 | 21-3799-4427
Fax: 21-3799-4430
E-mail: editora@fgv.br | pedidoseditora@fgv.br
www.fgv.br/editora

Impresso no Brasil / *Printed in Brazil*

1ª edição — 2006; 1ª e 2ª reimpressões — 2007; 3ª e 4ª reimpressões — 2008; 5ª reimpressão — 2009; 2ª edição — 2010; 1ª reimpressão — 2010; 2ª e 3ª reimpressões — 2011; 4ª, 5ª e 6ª reimpressões — 2012; 7ª, 8ª, 9ª e 10ª reimpressões — 2013; 11ª reimpressão — 2014.

Revisão de originais: Sandra Frank
Editoração eletrônica: FA Editoração Eletrônica
Revisão: Andréa Bivar, Fatima Caroni e Lívia Lemos Duarte
Capa: aspecto:design
Ilustração de capa: André Bethlem

Chaves, Lúcio Edi

Gerenciamento da comunicação em projetos / Lúcio Edi Chaves, Fernando Henrique da Silveira Neto, Gerson Pech, Margareth Fabíola dos Santos Carneiro. 2. ed. — Rio de Janeiro : Editora FGV, 2010.
172 p. : (Gerenciamento de projetos)

Acima do título: Publicações FGV Management.
Inclui bilbiografia.

1. Administração de projetos. 2. Comunicação nas organizações. I. Silveira Neto, Fernando Henrique da. II. Pech, Gerson. III. Carneiro, Margareth Fabíola dos Santos. IV. Fundação Getulio Vargas. V. FGV Management. VI. Título. VII. Série.

CDD — 658.45

Aos nossos alunos e aos nossos colegas docentes,
que nos levam a pensar e repensar as nossas práticas.

Sumário

Apresentação

Este livro compõe as Publicações FGV Management, programa de educação continuada da Fundação Getulio Vargas (FGV).

Instituição de direito privado com mais de meio século de existência, a FGV vem gerando conhecimento por meio da pesquisa, transmitindo informações e formando habilidades por meio da educação, prestando assistência técnica às organizações e contribuindo para um Brasil sustentável e competitivo no cenário internacional.

A estrutura acadêmica da FGV é composta por oito escolas e institutos: a Escola Brasileira de Administração Pública e de Empresas (Ebape), dirigida pelo professor Flavio Carvalho de Vasconcelos; a Escola de Administração de Empresas de São Paulo (Eaesp), dirigida pela professora Maria Tereza Leme Fleury; a Escola de Pós-Graduação em Economia (EPGE), dirigida pelo professor Renato Fragelli Cardoso; o Centro de Pesquisa e Documentação de História Contemporânea do Brasil (Cpdoc), dirigido pelo professor Celso Castro; a Escola de Direito de São Paulo (Direito GV), dirigida pelo professor Ary Oswaldo Mattos Filho; a Escola de Direito do

Rio de Janeiro (Direito Rio), dirigida pelo professor Joaquim Falcão; a Escola de Economia de São Paulo (Eesp), dirigida pelo professor Yoshiaki Nakano; o Instituto Brasileiro de Economia (Ibre), dirigido pelo professor Luiz Guilherme Schymura de Oliveira. São diversas unidades com a marca FGV, trabalhando com a mesma filosofia: gerar e disseminar o conhecimento pelo país.

Dentro de suas áreas específicas de conhecimento, cada escola é responsável pela criação e elaboração dos cursos oferecidos pelo Instituto de Desenvolvimento Educacional (IDE), criado em 2003 com o objetivo de coordenar e gerenciar uma rede de distribuição única para os produtos e serviços educacionais da FGV, por meio de suas escolas. Dirigido pelo professor Clovis de Faro e contando com a direção acadêmica do professor Carlos Osmar Bertero, o IDE engloba o programa FGV Management e sua rede conveniada, distribuída em todo o país (ver www.fgv.br/fgvmanagement), o programa de ensino a distância FGV Online (ver www.fgv.br/fgvonline), a Central de Qualidade e Inteligência de Negócios e o Programa de Cursos Corporativos In Company. Por meio de seus programas, o IDE desenvolve soluções em educação presencial e a distância e em treinamento corporativo customizado, prestando apoio efetivo à rede FGV, de acordo com os padrões de excelência da instituição.

Este livro representa mais um esforço da FGV em socializar seu aprendizado e suas conquistas. Ele é escrito por professores do FGV Management, profissionais de reconhecida competência acadêmica e prática, o que torna possível atender às demandas do mercado, tendo como suporte sólida fundamentação teórica.

A FGV espera, com mais essa iniciativa, oferecer a estudantes, gestores, técnicos — a todos, enfim, que têm internalizado o conceito de educação continuada, tão relevante nesta era do conhecimento — insumos que, agregados às suas práticas, possam contribuir para sua especialização, atualização e aperfeiçoamento.

Clovis de Faro
Diretor do Instituto de Desenvolvimento Educacional

Ricardo Spinelli de Carvalho
Diretor Executivo do FGV Management

Sylvia Constant Vergara
Coordenadora das Publicações FGV Management

Introdução

O que pretendemos com este livro é que ele seja usado como uma referência de cunho didático por pessoas que necessitem aplicar, de forma eficaz, o processo de comunicação nas suas atividades em projetos. Como os outros volumes desta série, tem por objetivo prover conhecimentos necessários ao acompanhamento de disciplinas sobre temas de gerenciamento de projetos nos cursos de pós-graduação do programa FGV Management.

A edição de um livro sobre a área específica de gerenciamento de projetos implica alguns desafios para os autores e para o leitor. Um deles provém do fato de que os temas ligados a projetos são, pela sua própria natureza, altamente correlacionados e interdependentes, em especial na área de comunicação, que engloba atividades que consomem a maior parte do tempo do gerente de projetos (chegando, segundo algumas fontes, a alcançar 90%). A comunicação é, por excelência, um elemento de apoio fundamental para o acompanhamento de todas as outras áreas de gerenciamento, que dependem da obtenção e envio de informações aos interessados e participantes do projeto.

Apesar de o assunto deste livro não apresentar, em si, um número significativo de aspectos teóricos nem quantitativos, ele se apoia em um grande número de problemas práticos e questões comportamentais, de cunho mais subjetivo e qualitativo, o que não costuma estar ligado ao perfil da maioria dos gerentes de projetos. Estes são indivíduos de formação mais técnica e com experiência adquirida em questões bem mais estruturadas, tais como engenharia, tecnologia da informação e finanças, entre outras áreas de gestão empresarial.

Procuramos estender a linha básica dos processos definidos nos guias tradicionais, como o *Guia PMBOK®*, a outros aspectos gerais do processo de comunicação, bem como fornecer subsídios para a melhoria de algumas competências pessoais do gerente de projeto ligadas ao tema, fator primordial para que ele consiga realizar seus objetivos nessa área. Dentro das limitações naturais de espaço, procuramos apresentar exemplos ilustrativos e modelos práticos de algumas ferramentas necessárias aos processos de comunicação.

O Project Management Institute (PMI), por meio da publicação do *Guia PMBOK®* (*Project management body of knowledge*), apresentado em português como *Um guia do conjunto de conhecimentos em gerenciamento de projetos*, tem sido um referencial internacional para as organizações que necessitam implementar processos, métodos e instrumentos de gerenciamento de programas e projetos. O *Guia PMBOK®* identifica e descreve as nove áreas que compõem o subconjunto do universo de conhecimentos sobre gerenciamento de projetos, reconhecidos como boas práticas em muitos casos, na maior parte deles havendo consenso, pelos seus usuários e estudiosos, sobre seus valores e aplicabilidade. A área de gerenciamento das comunicações do projeto é apresentada mais especificamente no capítulo 10 do *Guia PMBOK®*, onde são descritos os processos relativos à geração, coleta, disseminação, armazenamento e destinação final das informações do projeto.

Os livros da Série Gerenciamento de Projetos, relacionados com áreas específicas do tema, procuram alinhar-se à visão de processos do *Guia PMBOK®*, acrescentando, em cada tópico, elementos que facilitam o entendimento dos conceitos, bem como enriquecendo os temas por meio de técnicas complementares ou pesquisas de outros autores. Temas adicionais, que também se relacionam com a questão da comunicação e podem ser de utilidade para o gerente de projetos, foram inseridos ou detalhados de forma a complementar e enriquecer os assuntos básicos abordados no *Guia PMBOK®*. Exemplos são apresentados e casos práticos são discutidos, de forma a facilitar o estudo e a compreensão dos processos e dos conceitos, visto que a terminologia utilizada, bem como a visão estruturada do *Guia PMBOK®* e a sua organização como um guia de conhecimentos nem sempre são de fácil assimilação para todos os leitores.

Nesta edição de *Gerenciamento da comunicação em projetos* nos referenciamos à linha básica da quarta edição do *Guia PMBOK®*, publicada em 2008. Como o PMI tem por política rever o seu guia periodicamente, podemos perceber como essa área de conhecimentos está em permanente pesquisa e constante evolução.

O livro está estruturado em seis capítulos, além desta introdução, da conclusão e dos apêndices.

No primeiro capítulo são discutidos os aspectos gerais da comunicação em projetos como processo de interação e troca de informação entre pessoas ou grupos, visando um entendimento básico dos desafios que serão encontrados na sua utilização como suporte ao gerenciamento dos projetos.

No segundo capítulo apresentamos ferramentas e técnicas recomendadas para a identificação e análise das partes interessadas, elementos-chave para todo o gerenciamento de comunicação e um processo fundamental para que possamos planejar adequadamente os mecanismos de comunicação.

No terceiro capítulo chegamos, por meio da fase de planejamento, ao mecanismo central do gerenciamento da comunicação quando, utilizando um processo analítico, são apresentadas as ferramentas mais utilizadas para a geração do plano de comunicação, instrumento fundamental para a condução eficaz das ações de comunicação em um projeto.

No quarto capítulo são abordados os aspectos ligados à execução do referido plano, por meio da distribuição efetiva da informação necessária às partes interessadas, em que são utilizados tanto recursos tecnológicos quanto técnicas face a face.

O quinto capítulo inicia a discussão dos aspectos de monitoramento da efetividade do gerenciamento da comunicação, enfocando aspectos especiais do complexo relacionamento com as partes interessadas, visando principalmente ao atendimento de suas expectativas.

O sexto e último capítulo analisa o suporte que o gerenciamento da comunicação deve prover ao monitoramento e controle do projeto, por meio, principalmente, do relatório de desempenho, envolvendo diversos indicadores de performance que permitam manter o projeto o mais próximo possível de suas restrições iniciais.

Os apêndices agrupam um conjunto de diversos modelos de formulários e *templates*, bem como, para referência, um exemplo completo de plano de comunicação. Devido às variedades de requisitos que cada projeto pode exigir, não existem padrões fixos, mas o material pode servir de exemplo para preparação, pelo leitor, de suas próprias ferramentas de registro e acompanhamento.

1 Visão geral da comunicação

Nossas sociedades primitivas desenvolveram a fala por necessidade de comunicação e troca de informações. Mas não tinham como registrar o que era falado, o que limitava as possibilidades de deixar um registro dessas informações, que eram transmitidas apenas por via oral. Desenvolveram, então, para deixar registro de suas informações e experiência, símbolos e desenhos que podem ser encontrados até hoje em sítios arqueológicos, dando assim origem às primeiras formas escritas de comunicação. Mas foi a partir da prensa de Gutenberg que a comunicação escrita tomou vulto e pôde multiplicar a informação para todos. Outros meios de divulgação surgiram com o código de Morse, o telefone de Bell e o rádio de Marconi, encurtando as distâncias e possibilitando a comunicação mais rápida e universal entre as pessoas.

Projetos são realizados por pessoas, que se valem da comunicação para compreender como devem realizar tarefas e cumprir os objetivos estabelecidos por esses projetos. Assim, a comunicação utiliza recursos de troca e partilha capazes de promover a compreensão mútua, elemento essencial no gerenciamento de qualquer projeto.

Para o *Guia PMBOK®* (2008:2051), "a maioria das habilidades de comunicação é comum para o gerenciamento geral e o gerenciamento do projeto". Assim, compreender e utilizar corretamente o processo de comunicação é fundamental para o bom gerenciamento de projetos. Neste capítulo abordaremos inicialmente questões ligadas ao processo da comunicação em geral, em torno de seus elementos básicos e das barreiras existentes para sua utilização eficaz, concluindo com alguns aspectos específicos do uso da comunicação em projetos.

O processo de comunicação

Aristóteles foi o primeiro a citar um modelo de comunicação, ao dizer que o processo necessita de três elementos: aquele que fala, o que essa pessoa tentou dizer e aquele que escuta, criando assim a base dos modelos de comunicação de hoje, pois deixou clara a existência de um emissor, de uma mensagem e de um receptor.

Palavra de origem latina (*comunicare*), comunicação significa "ação de partilhar, de dividir". A comunicação pode ser definida como o processo que envolve a transmissão e a recepção de mensagens entre uma fonte emissora e um destinatário receptor, no qual as informações são codificadas na fonte e decodificadas no destino, com o uso de sistemas convencionados de signos ou símbolos sonoros, escritos, iconográficos, gestuais etc.

Conforme Mendes (1999:34), "a comunicação significa tornar comum, trocar informações, partilhar ideias, sentimentos, experiências, crenças e valores por meio de gestos, atos, palavras, figuras, imagens, símbolos etc.".

Modernamente, o processo de comunicação pode ser representado pelo modelo emissor-receptor da figura 1.

Figura 1
O PROCESSO DE COMUNICAÇÃO

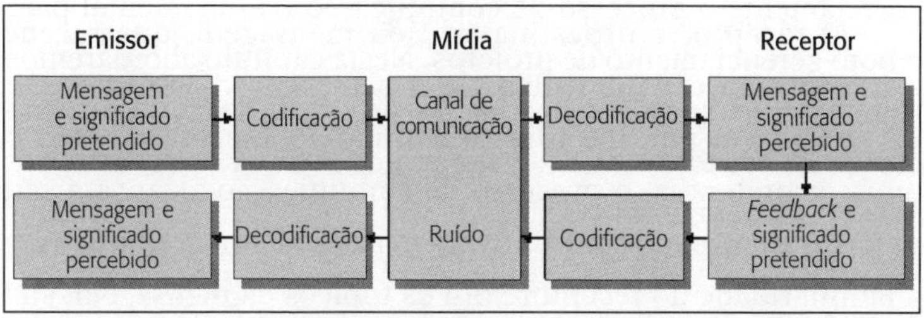

O emissor é o componente que emite uma mensagem para o receptor. Por dar origem à comunicação, o emissor conhece o significado pretendido dessa mensagem e deve codificá-la para que seja transmitida pelo canal de comunicação escolhido. Sua comunicação será eficaz quando atingir seu objetivo e produzir a resposta desejada do receptor.

Mensagem significa conteúdo, aquilo que é dito, escrito ou transmitido por símbolos ou sinais, e seu objetivo é gerar reações e comportamentos. Ela pode ser transmitida pela voz, por um texto, por meio de um desenho, por gestos, movimentos e expressões faciais ou por meios eletrônicos.

A codificação é a tradução da mensagem ou ideias para uma linguagem que seja entendida pelas outras pessoas.

O canal de comunicação é o suporte de difusão da informação, um meio intermediário de expressão capaz de transmitir mensagens e atingir o receptor que, ao recebê-las, as interpreta. Esses canais podem ser formais ou informais. Canais formais normalmente usam processos estruturados e diretivos e são produzidos de acordo com regras e padrões determinados. Memorandos, e-mails, políticas, instruções normativas e relatórios de progresso são exemplos de canais formais. Já encontros face a face, telefonemas e mensagens orais são canais informais. Embora canais informais sejam menos enfatizados nos processos de gerenciamento de projetos, muitas vezes seu uso pode contribuir de forma decisiva para o sucesso deles.

O receptor é o destinatário da mensagem, que recebe a informação e a interpreta. Se a percepção e compreensão da mensagem que lhe foi transmitida acontecerem como o emissor pretendia, o processo de comunicação alcançará seu objetivo e terá sucesso. Contribuem para melhor compreensão a familiaridade do receptor com os tópicos da mensagem, sua receptividade, a relação de confiança entre emissor e receptor, a clareza e precisão daquilo que é emitido e a necessidade que o receptor tem de dispor do conteúdo da mensagem emitida.

O ruído é tudo aquilo que afeta e interfere na transmissão de uma mensagem. São exemplos de ruídos as distorções em sinais eletrônicos, erros de escrita e de interpretação, uma voz baixa ou rouca durante uma conversa, a distância e a falta de atenção do receptor, o uso de jargões, siglas e códigos não familiares a todos.

O *feedback* ou realimentação é a informação que o emissor obtém da reação do receptor à sua mensagem. Serve para avaliar os resultados da emissão, para que se possa estar certo de que a interação está sendo mantida no momento em que ela está sendo processada; ajuda no processo de saber se e como a mensagem enviada foi recebida e se foi compreendida ou não. Sem *feedback*, o emissor não sabe se sua mensagem foi recebida e compreendida.

Entre os diversos componentes descritos, os canais de comunicação se destacam pela sua importância e complexidade de utilização.

Canais de comunicação

A comunicação se utiliza de vários canais, cada um deles apresentando vantagens e desvantagens em seu uso. Entre os canais utilizados podem ser citados os orais, os escritos, os eletrônicos e os digitais.

A comunicação oral acontece numa entrevista face a face, em uma reunião em torno de uma mesa, em um telefonema ou durante uma apresentação, conferência ou aula. Nela, a interação entre as partes é grande, o *feedback* é imediato e há ótimas possibilidades de se expor, debater e convencer. Mas, geralmente, não existe registro do que foi dito, as emoções podem aflorar e frases podem ser ditas sem que haja reflexão e avaliação prévias.

A comunicação escrita é a que aparece em qualquer texto impresso, como documentos, livros, manuais, cartazes e folhetos. Foi escrita e revisada antes de publicada, pode ser armazenada para consulta posterior e seu conteúdo não varia; é o mesmo para todos os receptores. Mas não há controle total de quem a recebeu, como leu e interpretou, e não permite *feedback* imediato ou consulta em caso de dúvida de interpretação.

A comunicação por meios eletrônicos e digitais permite a transmissão de um grande volume de informações de maneira veloz e precisa. A internet, o correio eletrônico e a telefonia celular são exemplos dessa forma de comunicação, que se vale da tecnologia dos computadores e das telecomunicações para se concretizar. Permite desde o simples envio de uma mensagem de texto à transmissão de grandes arquivos de dados ou uma videoconferência, com imagens dos emissores e receptores interagindo, conversando e debatendo ao vivo. No entanto, necessita da existência e correto funcionamento de uma infraestrutura tecnológica e de apoio que lhe dê suporte. Diversos desafios, entretanto, precisam ser enfrentados pelo gerente, seja no seu papel e responsabilidades de emissor, seja no de receptor no processo, e podem dificultar a eficácia e os resultados esperados da comunicação.

Desafios de comunicação para os gerentes

Os gerentes precisam interagir com grupos diversificados, e os que são bem-sucedidos reconhecem as armadilhas que as características de cada grupo ou indivíduo podem representar para a comunicação e estabelecem pontes para atravessar esses verdadeiros "rios caudalosos". A comunicação é uma habilidade e, como toda habilidade, precisa e pode ser desenvolvida com a prática e com o aprimoramento contínuos, principalmente para vencer desafios.

O processo de comunicação é uma interação simbólica entre duas ou mais pessoas. Por exemplo, quando alguém pede um filé ao ponto num restaurante, está usando palavras como símbolos para indicar o que quer comer. Um símbolo representa alguma coisa. As palavras são compostas de letras do alfabeto, que são símbolos, e são usadas para representar algo. A seleção do filé foi feita após uma consulta a uma representação não verbal no cardápio, que mostra um retrato do prato a ser servido. Embora alguns símbolos sejam claros, como um relógio ou uma peneira, outros símbolos são ambíguos ou difíceis de explicar, como textura e sabor. A habilidade de usar símbolos permite que os indivíduos aprendam e que transmitam informações e lições aprendidas. Uma comunicação simbólica que usa textos e documentos é, muitas vezes, apenas uma aproximação do que se quer realmente comunicar, pois pode conter falhas que dificultam ou mesmo inviabilizam a compreensão pretendida. Na prática, podemos considerar que a maior parte dos problemas funciona como barreira ao fluxo de informações que ocorre durante o processo de comunicação

Barreiras à comunicação

Barreiras são elementos que interferem e distorcem o processo de comunicação, dificultando ou impedindo o correto entendimento entre emissor e receptor. Essas barreiras podem ser de conhecimento, comportamentais, organizacionais ou técnicas.

Algumas dessas barreiras críticas de comunicação que gerentes de projeto devem superar incluem indivíduos e grupos com diferentes graus de habilidade e conhecimento técnico, distribuição geográfica das equipes e atividades, políticas e regras de poder na organização e compreensão das exigências e soluções das diversas partes interessadas (*stakeholders*).

Barreiras de conhecimento

Incluem o despreparo para lidar com o processo oral ou escrito de comunicação, o uso de linguagem técnica não familiar a todos os envolvidos, a falta de conhecimento do assunto a ser comunicado, a sobrecarga de informações e o uso de equipamentos e tecnologia não dominados pelo emissor ou pelo receptor. Gerentes de projetos devem estar cientes de que o pessoal técnico e administradores falam línguas diferentes — um fala o jargão da execução, usando argumentos técnicos de desenvolvimento e construção do produto, e o outro usa a semântica gerencial, que inclui custos, prazos e compromissos. Cabe ao gerente envolvido, portanto, reconhecer as barreiras potenciais na comunicação e tomar as precauções apropriadas para evitar o impacto negativo na mesma. Boas ideias nesse sentido são:

- usar uma terminologia apropriada para cada receptor;
- evitar ou explicar os termos que podem causar dúvidas no jargão profissional;

- usar metáforas adequadas, capazes de exemplificar situações mais complexas ou detalhes técnicos de maneira mais simples ou familiar ao receptor;
- detalhar toda informação que for nova ou complexa;
- pedir *feedback* ao receptor para assegurar a adequada compreensão do que foi transmitido;
- avaliar os indícios da correta compreensão e repetir aquilo que não foi compreendido.

Barreiras comportamentais

Desconfiança entre as partes, atitudes hostis ou preconceituosas, ansiedade, desinteresse, omissão intencional de fatos e informações, não saber ouvir, falta de atenção ao assunto e prejulgamentos são casos típicos de barreiras comportamentais. Uma das recomendações para mitigá-las pode ser o uso mais intenso da comunicação face a face, que possui recursos diferentes daqueles que são próprios da comunicação escrita e impressa, muito utilizada no gerenciamento de projetos. Na forma escrita é necessário haver objetividade, clareza, detalhamento e visualização gráfica para que a comunicação seja eficaz, pois ela se dará exclusivamente por meio do que estiver escrito ou impresso, quer seja num documento ou numa tela de computador.

Barreiras organizacionais e técnicas

Estruturas organizacionais inflexíveis ou excessivamente burocráticas; excesso de regras, padrões e procedimentos; equipamentos de comunicação inacessíveis, inadequados ou ultrapassados e cultura organizacional que desestimule ou desfavoreça o processo de comunicação na empresa são exemplos de barreiras organizacionais.

Equipamentos obsoletos, baixa qualidade de transmissão, distorções de sinal, uso incorreto de padrões técnicos ou desconhecimento da tecnologia empregada e versões conflitantes de sistemas informatizados são exemplos típicos de barreiras técnicas.

Recomendações para superar as barreiras à comunicação

Alguns cuidados nas comunicações, tanto escritas quanto orais, aumentam as chances de elas serem melhor compreendidas, aprovadas e executadas:

- definir exatamente que tipo de informação deve ser enviada para cada parte interessada;
- usar um estilo de redação claro e objetivo em toda comunicação escrita, com frases bem-estruturadas e escolha adequada das palavras para facilitar a compreensão pelo receptor;
- evitar o uso de termos técnicos em excesso, de siglas ou de jargões fora de contexto;
- observar, na comunicação oral, princípios definidos para a comunicação escrita, como clareza, objetividade e construção adequada de frases, mas lembrando sempre que este processo ocorre ao vivo e sem chances de se reescrever ou apagar o que foi dito, o que recomenda cautela, refletir antes de falar e cuidado permanente com o entendimento e com o *feedback* dado pelo receptor sobre a mensagem que lhe é transmitida;
- fazer uso de técnicas de apresentação, com preparação antecipada, usar *design* apropriado nos recursos audiovisuais, seguir roteiro preparado, utilizar boa linguagem corporal, interagir com a audiência, falar e ouvir nos momentos certos, responder às perguntas e certificar-se de que está sendo compreendido;

- não omitir atrasos ou outros problemas, que poderão ser conhecidos pelos interessados por outros meios de comunicação, com distorções e até com falsas interpretações dos fatos;
- levar em conta que aspectos políticos e estruturas de poder podem influir na condução de projetos, o que recomenda cuidado na forma de redigir assuntos polêmicos, controvertidos ou passíveis de gerar conflitos e desentendimentos;
- deixar claras, pelo emissor, a existência e a disponibilidade de um canal aberto (como encontros face a face previamente acertados), para o esclarecimento de dúvidas quando as partes interessadas desejarem;
- ter em conta que, para equipes virtuais em projetos, pode ser difícil — e por vezes impossível — a realização de reuniões presenciais, o que reforça a necessidade de um ótimo treinamento dessas equipes em instrumentos como intranet e extranet, discussões por meio de chats e correio eletrônico, videoconferência e outras tecnologias disponíveis;
- ter conhecimento e fazer uso apropriado da tecnologia de comunicação a ser empregada, recomendando recursos que as partes interessadas saibam usar, de forma a torná-los instrumentos de apoio e não obstáculos ao processo de comunicação;
- avaliar permanentemente e aperfeiçoar as próprias habilidades técnicas e comportamentais ao lidar com o processo de comunicação, incorporando e fazendo uso de técnicas e lições aprendidas cada vez que ele ocorre;
- usar uma estratégia proativa de comunicação que leve em conta três elementos principais:
  - identificar marcos de comunicação nos quais o gerente reporte, às principais partes interessadas, os progressos significativos do projeto;

- estabelecer um canal de comunicação pessoal rápido e direto entre os gerentes do projeto e os interessados, para que qualquer dúvida, surgida a qualquer hora, possa ser imediatamente esclarecida;
- manter uma publicação (*newsletter*) simples, mas atualizada, sobre o andamento do projeto, com linguagem familiar aos interessados, relatando os principais marcos atingidos até o momento, acompanhamento de custos atualizado e próximos passos a serem dados, com uma estimativa provável de avanço do projeto.

Quando a comunicação, entretanto, precisa ser aplicada como ferramenta no gerenciamento de projetos, o seu processo apresenta desafios específicos e deve ser ajustado às características próprias do ambiente organizacional.

O gerenciamento da comunicação em projetos

O processo de comunicação em projetos, além de ser influenciado pelos aspectos gerais discutidos nas seções anteriores, deve-se ajustar não só ao ambiente organizacional no qual o projeto está inserido, mas também ao tipo ou natureza de cada projeto que está sendo desenvolvido. A diversidade de características dos projetos de engenharia, desenvolvimento ou implementação de sistemas, reengenharia de processos, entre outros, apresenta requisitos e comportamentos específicos que devem ser considerados no gerenciamento da comunicação. As conclusões sobre estas questões ainda estão em elaboração, a partir de estudos científicos desenvolvidos sobre este tema.

A seguir, apresentamos o resumo de duas interessantes pesquisas, focadas em dois diferentes ambientes de projetos (engenharia e desenvolvimento de sistemas), realizadas para estudar as variáveis que afetam a qualidade da comunicação nos projetos e o impacto no seu sucesso. Ao final deste capítulo são feitas considerações sobre o contexto das mudanças e sua interação com os projetos, cujo entendimento pelo gerente também pode influenciar, significativamente, a eficácia de sua estratégia de comunicação.

Importância da comunicação em projetos de engenharia

Com o objetivo de identificar e medir as variáveis críticas de comunicação durante a execução de um projeto, foi realizada uma pesquisa para o Construction Industry Institute (CII) dos Estados Unidos. No trabalho, apresentado por Thomas e colaboradores (1998), foram entrevistados 582 gerentes de projetos, engenheiros e construtores de 72 projetos espalhados por oito países. Os custos totais dos projetos pesquisados variavam de US$ 4 milhões a US$ 1,3 bilhão. Foi aplicado um tratamento estatístico às respostas recebidas, com uso de técnicas de regressão, correlação e ajustamento para a identificação das variáveis críticas que afetam o sucesso de projetos.

Depois do debate final entre os pesquisadores, o grupo concluiu que existem seis categorias críticas de comunicação em projetos, apresentadas na tabela 1.

Tabela 1
CATEGORIAS CRÍTICAS DE COMUNICAÇÃO

Categoria	Descrição	Peso
Precisão	Exatidão das informações recebidas conforme indicado pela frequência de instruções conflitantes, comunicação inadequada e falta de coordenação	2,1
Procedimentos	Existência, uso e eficácia dos procedimentos formais definidos formalizando escopo, métodos etc.	1,9
Barreiras	Existência de barreiras (interpessoais, de acesso, de logística e outras) interferindo nas comunicações entre gestores ou outros grupos	1,8

continua

Compreensão	Compreensão das expectativas entre gestores ou outros grupos	1,6
Informações a tempo	Recebimento de informações, como mudanças de cronogramas e características diversas, nos prazos adequados	1,4
Inteireza	Quantidade e qualidade de informações relevantes e necessárias recebidas	1,2

Fonte: Adaptado de Thomas (1998).

A pesquisa concluiu que a realização de projetos bem-sucedidos está diretamente ligada à boa comunicação, dentro da equipe do projeto e com as demais partes interessadas. Mesmo ressaltando que os resultados obtidos são apenas um primeiro passo para a solução dos problemas levantados, a pesquisa fornece dados preciosos para a implantação de melhorias nas comunicações em projetos.

A eficácia da comunicação em projetos de sistemas

Com relação a projetos de sistemas informatizados, a gestão da comunicação também desempenha função crucial. Alguns fatores inerentes a esta área, como o alto nível de incerteza de requisitos e da própria tecnologia, e a necessidade de grande conhecimento técnico e criatividade, tornam complexa sua coordenação. Assim, o gerenciamento desses projetos depende fortemente da adoção de métodos específicos de coordenação e comunicação entre as partes interessadas e, também, entre os membros das diferentes equipes. Isso torna possível a integração administrativa e técnica, fazendo a diferença nos projetos de sucesso.

Para conseguir eficácia nessa tarefa, é fundamental estabelecer os métodos que serão utilizados. Tais métodos, de uma forma geral e de acordo com o próprio *Guia PMBOK®*, podem ser formais ou informais. Isso deve depender do tamanho do projeto, em termos de equipe e de tempo, e de seu nível de complexidade. Entretanto, independentemente do tipo de projeto, é bom não descuidar da comunicação informal. Apesar da grande ênfase que é dada à documentação no gerenciamento de projetos, mecanismos informais também precisam ser levados em conta, principalmente quando se trata de solucionar problemas ainda não vivenciados pela organização.

A comunicação formal é conseguida por meio de documentos escritos, reuniões estruturadas e outros canais de comunicação relativamente não interativos e impessoais. A comunicação informal é, quase sempre, pessoal. Os membros de equipe trocam informações e ideias naturalmente, discutem soluções para os mais diversos problemas e interagem uns com os outros no dia a dia.

Para analisar a percepção da equipe de projeto com relação às diversas técnicas empregadas na gestão de comunicação, Kraul e Streeter (1995) realizaram um estudo estatístico onde examinaram a importância e a frequência de utilização de várias técnicas de comunicação em projetos de softwares. Essas técnicas foram caracterizadas da seguinte forma:

- abordagens formais e impessoais — incluem documentos da própria engenharia de software. Os produtos finais e intermediários (entregáveis), memorandos técnicos, marcos do projeto, cronogramas, ferramentas de controle do projeto, solicitações de modificações, relatórios de detecção de erros, relatórios de progresso e de dados técnicos do projeto constituem essa técnica;
- procedimentos formais e interpessoais — incluem os relatórios das atividades de garantia de qualidade aplicadas aos produtos de trabalho da engenharia de software, ou seja, as reuniões de revisão de progresso e as inspeções do projeto e dos documentos finais de cada uma das fases características do desenvolvimento. Os documentos são formalmente planejados,

possuem planilhas estruturadas, entretanto são gerados a partir da comunicação pessoal entre os membros da equipe;

- procedimentos informais e interpessoais — incluem reuniões de grupo para a disseminação da informação e solução de problemas. Essas reuniões são determinantes para o entendimento dos requisitos do sistema;
- comunicação eletrônica — inclui correio eletrônico, página web do projeto, sistemas de videoconferência e internet;
- redes interpessoais — incluem discussões informais entre membros da equipe e outras pessoas, relacionadas ou não ao projeto, que possam ter experiências que ajudem a equipe. Aqui estão relacionadas as conversas que acontecem dentro da organização e fora dela e que, mesmo sem estarem planejadas e documentadas, contribuem para o sucesso ou fracasso do projeto.

Para avaliar a eficácia dessas técnicas de comunicação, os autores utilizaram as informações de 65 projetos de software diferentes, envolvendo centenas de pessoas. O resultado desse estudo é revelado na figura 2. Cada uma das técnicas é expressa por duas variáveis: importância (eixo vertical) e frequência de utilização (eixo horizontal). Assim, o valor das técnicas de comunicação que é percebido pelos diversos membros de equipe é identificado em relação à frequência relativa de seu uso e à sua importância para o projeto, numa escala de sete pontos. As técnicas acima da linha de regressão linear foram julgadas extremamente valiosas pelos autores, dada a sua utilização. As técnicas abaixo da linha foram consideradas por eles como tendo um valor menor.

Essa pesquisa tem um resultado que merece uma atenção especial. O fato interessante é que as redes interpessoais foram consideradas a técnica de maior valor de coordenação e comunicação.

Também é importante notar que mecanismos iniciais de garantia de qualidade (revisões de requisitos e de projeto de software) foram considerados como tendo um valor maior do que as avaliações posteriores, por exemplo, do código fonte (inspeções de código).

Figura 2

Eficácia das técnicas de comunicação

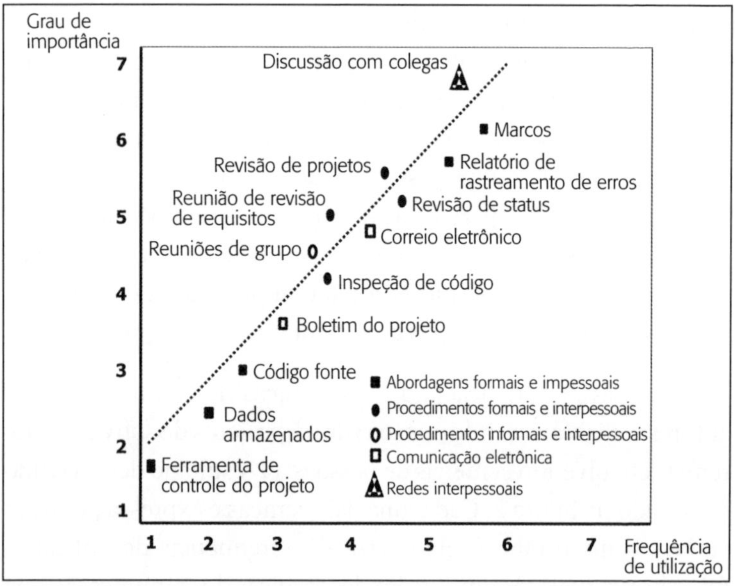

Fonte: Adaptado de Kraul e Streeter (1995).

Além das características específicas de cada tipo de projeto, também devem ser entendidas algumas questões críticas que se relacionam com o ambiente de qualquer projeto, tais como as mudanças.

O contexto das mudanças para a comunicação em projetos

As mudanças têm um significado fundamental para os projetos. Tudo começa pela consideração de que a grande maioria dos projetos é feita para gerar mudanças (não se conhecem projetos feitos para deixar as coisas exatamente como são). Se quisermos categorizar os tipos de mudanças e seu relacionamento com projetos, poderemos identificar diversas situações, dependendo do ângulo pelo qual estamos analisando a mudança, como apresentado na figura 3.

Figura 3
O CONTEXTO DAS MUDANÇAS

Analisaremos, a seguir, cada um desses elementos.

Mudanças no ambiente externo às organizações

Essas são as mudanças geradoras dos projetos, criados para permitir que as organizações mantenham-se ajustadas. Como o ambiente externo se encontra em constante alteração, a sobrevivência de uma organização depende de manter a execução adequada de sua missão e de seus objetivos, ou de conservar ou expandir a sua competitividade no segmento de negócio do qual participa, adequando-se continuamente à configuração do citado ambiente. A comunicação, nesse aspecto, ocorre quase sempre de fora para dentro, por meio de informações que são recebidas do mercado, dos clientes, da sociedade e do governo, e que, se devidamente monitoradas por um processo de planejamento estratégico, determinam os projetos estratégicos que devem ser implementados. A interferência da organização no processo de comunicação não é muito grande e, muitas vezes, está até fora do seu controle. O recomendável, entretanto, é que a organização, como receptora dessas informações, mantenha os canais abertos para a captura do maior número de informações relevantes desse ambiente.

Mudanças nos projetos

Ocorrem durante a execução dos projetos e devem ser gerenciadas para o alinhamento do escopo ou do plano do projeto a alterações nos requisitos inicialmente propostos. O processo de comunicação dessas mudanças será analisado no capítulo 2.

São as que podem causar o maior efeito no sucesso da grande maioria dos projetos. Os resultados esperados, especialmente os que têm uma conotação estratégica, só são obtidos quando da sua correta e completa implementação. Surgem aí os maiores desafios, relacionados com a capacidade de a organização, por meio de suas partes interessadas, absorver os impactos que as mudanças exigidas pelos projetos terão sobre suas competências, expectativas, premissas e valores. O elenco de resistências advindas desses impactos, sem um adequado gerenciamento, pode bloquear o esforço da implementação e impedir que os objetivos do projeto sejam atingidos, em parte ou no todo. Estatísticas de índice de sucesso realizadas em projetos com forte impacto de mudanças nas organizações, tais como projetos de gerência de qualidade total, reengenharia de processos de negócio e sistemas integrados de gestão (ERPs) revelam que, nos primeiros anos em que esses tipos de projetos foram criados, sua taxa de sucesso não chegava a 25%. Considerando-se que o objetivo desses projetos é o aumento da competitividade das empresas, um índice de fracasso (o inverso do sucesso) de 75% pode ser considerado calamitoso. Com o entendimento das reais causas desses insucessos e o advento de melhores processos de gerenciamento de mudança organizacional, entretanto, já se identifica, hoje em dia, uma inversão desses índices, pelo menos para alguns tipos de projetos.

Os projetos de implementação de ERP (*entreprise resource planning*) têm por objetivo uma substituição dos sistemas de informação isolados ou independentes por um sistema integrado, que permita uma gestão centralizada de todos os dados da organização. Esses projetos foram pioneiros na aplicação de processos de gerenciamento de mudança, devido ao alto custo do fracasso de sua implementação, situação muito frequente nos primeiros anos de história desses projetos.

O processo de comunicação é, por sua vez, o principal mecanismo utilizado no gerenciamento da mudança organizacional. A avaliação dos requisitos de comunicação precisará, assim, ter um foco especial no gerenciamento de tal mudança, e o plano de comunicação resultante dessa análise terá de ser ampliado, com um número muito maior de atividades relacionadas com esse aspecto.

Os processos de gerenciamento da comunicação

As seções anteriores deste capítulo apresentaram algumas questões relacionadas ao processo de comunicação em geral, sob o ponto de vista de sua utilização e importância no gerenciamento dos projetos. O gerenciamento das comunicações estabelece, realiza, monitora e controla o fluxo de informações durante todo o ciclo de vida dos projetos, e é vital para o sucesso dos mesmos. Assim, é importante que todas as comunicações em projetos sejam realizadas segundo processos organizados e disciplinados, capazes de gerar informações corretas e completas, colocadas nos momentos adequados à disposição das pessoas certas para que realizem suas tarefas, como estabelecido no plano do projeto.

O *Guia PMBOK®* trata especificamente do gerenciamento de comunicações em projetos como uma área do conhecimento que permite a geração, coleta, distribuição, armazenamento, recuperação e disponibilização das informações do projeto na forma e no prazo apropriados, e reconhece a existência de cinco processos:

- identificar as partes interessadas — objetiva identificar pessoas ou organizações envolvidas pelo projeto e documentar as informações relevantes relativas aos seus interesses, envolvimento e impacto no projeto;
- planejar as comunicações — seu objetivo é a determinação das necessidades de informação e de comunicação das partes interessadas no projeto;
- distribuir informações — objetiva tornar as informações necessárias disponíveis no tempo e da maneira que os interessados desejam;
- reportar o desempenho — permite a coleta e distribuição de informações de desempenho, o que inclui a preparação de relatórios de desempenho, relatórios de progresso e de projeções;
- gerenciar as expectativas das partes interessadas (*stakeholders*) — interagir com as partes interessadas para satisfazer suas necessidades e resolver problemas e questões que possam ocorrer.

O quadro 1 apresenta a visão geral desses processos, conforme proposta no *Guia PMBOK®*, relacionando suas entradas, ferramentas e técnicas utilizadas em seu processamento e suas saídas, além do relacionamento com os três grupos de processos do projeto: planejamento, execução e controle, e monitoramento. Nos processos de iniciação e encerramento dos projetos não são relacionados processos específicos de comunicação.

Quadro 1

VISÃO GERAL DO GERENCIAMENTO DAS COMUNICAÇÕES DO PROJETO

Fases do projeto	Processos	Entradas	Ferramentas e técnicas	Saídas
Iniciação	Identificar as partes interessadas	❑ Termo de abertura do projeto ❑ Documentos de aquisição ❑ Fatores ambientais da empresa ❑ Ativos de processos organizacionais	❑ Análise das partes interessadas ❑ Opinião especializada	❑ Registro das partes interessadas ❑ Estratégia para gerenciamento das partes interessadas
Planejamento	Planejar as comunicações	❑ Registro das partes interessadas ❑ Estratégia para gerenciamento das partes interessadas ❑ Fatores ambientais da empresa ❑ Ativos de processos organizacionais	❑ Análise dos requisitos da comunicação ❑ Tecnologia das comunicações ❑ Modelos de comunicação ❑ Métodos de comunicação	❑ Plano de gerenciamento das comunicações ❑ Atualizações nos documentos do projeto
Execução	Distribuir informações	❑ Plano de gerenciamento do projeto ❑ Relatórios de desempenho ❑ Ativos de processos organizacionais	❑ Métodos de comunicação ❑ Ferramentas de distribuição de informações	❑ Atualização em ativos de processos organizacionais

continua

Fases do projeto	Processos	Entradas	Ferramentas e técnicas	Saídas
Controle e monitoramento	Reportar o desempenho	❑ Plano de gerenciamento do projeto ❑ Informações sobre o desempenho do trabalho ❑ Medidas de desempenho do trabalho ❑ Previsões de orçamentos ❑ Ativos de processos organizacionais	❑ Análise de variação ❑ Métodos de previsão ❑ Métodos de comunicação ❑ Sistemas de distribuição de informações	❑ Relatórios de desempenho ❑ Atualizações em ativos de processos organizacionais ❑ Solicitações de mudanças
	Gerenciar as expectativas das partes interessadas	❑ Registro das partes interessadas ❑ Estratégia para gerenciamento das partes interessadas ❑ Plano de gerenciamento do projeto ❑ Registro das questões ❑ Registro das mudanças ❑ Ativos de processos organizacionais	❑ Métodos de comunicação ❑ Habilidades interpessoais ❑ Habilidades de gerenciamento	❑ Atualizações em ativos de processos organizacionais ❑ Solicitações de mudanças ❑ Atualizações no plano de gerenciamento do projeto ❑ Atualizações nos documentos do projeto

Fonte: *Guia PMBOK®*, 2008.

Os próximos capítulos discutem esses processos, abordando-os nas fases, já mencionadas, de iniciação, planejamento, execução e controle, e monitoramento.

2

Identificar as partes interessadas

Este é o momento de identificar pessoas e organizações envolvidas e analisar seus interesses e seu envolvimento no projeto, cuja execução pode afetá-las positiva ou negativamente. Partes interessadas estão em diversos níveis da organização ou podem ser externas ao projeto. Essas informações, devidamente documentadas e organizadas, servirão de base para o processo de planejamento das comunicações, bem como de guia durante os processos de distribuição das informações e controle das comunicações.

Segundo Nolan (1987), do ponto de vista prático, uma identificação das partes interessadas, que tenham implicações com o projeto, deve ser estabelecida por um processo constituído das três etapas descritas a seguir.

Identificação do universo de partes interessadas

Essa primeira etapa se inicia com a identificação das posições-chave da diretoria da organização, seguindo-se pela gerência funcional e estendendo-se para fora da empresa, não deixando de relacionar consultores e conselheiros às demais partes interessadas. Aí é preciso olhar além da simples relação das partes interessadas específicas envolvidas e, principalmente, considerar o seu envolvimento e papel no projeto e no processo de comunicação.

O processo é realizado associando-se as partes interessadas com diversas perspectivas:

- quem está investido de interesse no projeto, seja em termos de processo ou de resultados;
- quem tem informações ou conhecimento para contribuir;
- quem tem responsabilidade funcional pelo projeto ou pelo seu produto; de quem o projeto precisa de decisões críticas;
- quem tem autoridade para aprovar despesas e aquisições ou alocar recursos ao projeto;
- quem precisa ser envolvido sob uma perspectiva política da organização.

A figura 4 apresenta um mapeamento do ambiente do projeto que auxiliará na identificação das partes interessadas, direta ou indiretamente envolvidas com o mesmo, seus produtos e resultados, permitindo entender sua importância ou influência. Algumas partes interessadas são especiais devido ao seu poder na alocação de recursos críticos para o projeto — tempo, dinheiro e pessoas. Os ambientes interno e externo devem ser cuidadosamente considerados, pois partes interessadas que pareçam distantes do projeto podem ter influências importantes sobre ele.

Essa identificação também pode ser obtida por meio de uma avaliação das categorias de partes interessadas envolvidas, como no quadro 2.

Figura 4

MAPEAMENTO DAS PARTES INTERESSADAS DO PROJETO

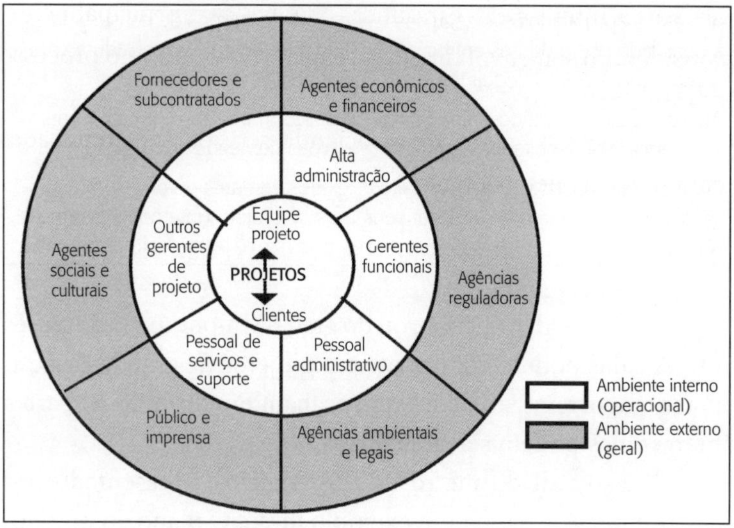

Fonte: Adaptado de Cleland (2002).

Quadro 2

EXEMPLOS DE CATEGORIAS DE PARTES INTERESSADAS

Categorias de partes interessadas	Partes interessadas típicas
Responsáveis pela entrega de produtos do projeto (entrega de resultados)	Equipe do projeto, alguns subcontratados
Usuários diretos ou indiretos dos resultados do projeto (uso dos produtos)	Usuários internos, clientes
Autoridade financeira: fornece aprovação da liberação de fundos ou provisão de recursos	Executivos, patrocinadores do projeto, gerências de negócios, financiadores e investidores, acionistas
Contribuintes: fornecem *inputs* e serviços para o projeto	Grupos de serviço, fornecedores, subcontratados
Suporte a produtos: assegura que os produtos estejam disponíveis para o uso	Grupos de suporte técnico

continua

Categorias de partes interessadas	Partes interessadas típicas
Revisão/auditoria: assegura que os processos apropriados são seguidos e a qualidade dos produtos entregáveis cumpre os padrões adequados	Grupos de revisão técnica e de qualidade, grupos de consumidores, auditores, agências reguladoras e ambientais
Afetados pelos resultados: afetados pelos produtos ou resultados do projeto	Público/imprensa, sindicatos/organizações de negociação, concorrentes
Projetos relacionados: podem afetar a capacidade do projeto de alcançar seus objetivos	Outros gerentes de projeto ou equipes de projeto (internos e externos)

Falhas na identificação ou do grau de importância de partes interessadas podem ocorrer até em projetos de grande porte e, quando ocorrem, situações que acabam envolvendo as partes interessadas podem ser dramáticas.

O caso real do metrô de Los Angeles, apresentado por Dawson (1997), é um bom exemplo disso. O plano do projeto, merecedor de um importante prêmio internacional quando apresentado na conferência do Project Management Institute (PMI) de 1993, só foi questionado nos seus aspectos de comunicação quando, cerca de um ano depois do conclave, o projeto foi dura e amplamente criticado pela imprensa e pela opinião pública.

O multibilionário projeto de implantação de uma rede metroviária de cerca de 80 milhas em Los Angeles, planejado para 12 anos de construção, teve toda sua administração exonerada pela ocorrência de um relativamente pequeno incidente no início da construção, fácil e prontamente contornável sob o ponto de vista técnico. Um afundamento de 15 cm numa extensão de pouco mais de 60 m foi divulgado pela imprensa como uma catástrofe, alegando-se que o projeto fugira de controle.

A repercussão na opinião pública e na classe política, além das consequências administrativas, trouxe a necessidade de um grande plano de comunicação com a sociedade para "revender" o projeto em termos dos seus benefícios, de forma a combater a ampla campanha negativa que se criara contra ele. Além dos custos da campanha, vários prejuízos adicionais foram sentidos em termos de atrasos e problemas de credibilidade com o pessoal da construção do empreendimento.

Uma atenção prévia com as partes interessadas secundárias (público, políticos e mídia), que poderiam ter sido preparadas para suportar o projeto em circunstâncias de problemas inesperados, teria evitado a maior parte das consequências sentidas quando o *imprevisto* ocorreu.

Avaliação da importância e influência das partes interessadas

Aqui avalia-se, para cada parte interessada identificada, o impacto e a sua capacidade de influenciar os objetivos do projeto. É claro que os impactos variam de pessoa para pessoa. Alguns podem controlar recursos críticos necessários ao projeto, outros podem ter o poder de facilitar, transformar ou bloquear uma implementação. Geralmente os que patrocinam um projeto ou fornecem os principais recursos são as partes interessadas mais importantes; entretanto, outros membros da organização que suportam ou cooperam, ainda que indiretamente, podem ser importantes em certos estágios do projeto. Esses dois aspectos podem ser avaliados considerando-se:

- poder da parte interessada — origem e consequências que o poder da parte interessada pode ter sobre o projeto:
  - poder decorrente de posição hierárquica ou de carisma ou liderança pessoal;
  - forças, fraquezas e alianças com outras partes interessadas poderosas;
  - impacto (positivo ou negativo) do uso desse poder nos objetivos do projeto;

- influência da parte interessada — como ela é exercida pela parte interessada:
  - em tomadas de decisão;
  - na administração de processos — controlando "gargalos" nos processos, por exemplo;
  - atuando como formador de opinião.

Determinação dos interesses e motivações das partes interessadas

Nas etapas anteriores foram dados os primeiros passos na direção do gerenciamento da comunicação, avaliando-se a natureza e o papel exercido pelas partes interessadas, bem como seu poder e influência. Isso não significa que esse processo seja fácil de ser executado, já que as expectativas das partes interessadas ainda devem ser atendidas.

Para isso é fundamental uma etapa de análise específica dos aspectos comportamentais associados a cada indivíduo ou grupo, visto que esses pontos podem afetar o seu relacionamento com o projeto. Identificando o comportamento atual e seus efeitos potenciais (positivos ou negativos) para o projeto, pode-se planejar uma comunicação, com cada parte interessada, que permita atingir uma condição mais favorável.

O grau de interesse (ainda que pessoal ou político) pode se sobrepor aos interesses do projeto, e seus efeitos podem afetar o grau de suporte e colaboração obtidos. Nolan (1987) combina a interdependência do projeto com relação à parte interessada (que é associada ao grau de poder da mesma sobre os recursos do projeto, variando de baixa a alta) com o interesse do indivíduo ou grupo, variando num espectro de um interesse mútuo (totalmente a favor) até um interesse conflitante (totalmente contra). Isto dará aos indivíduos ou grupos uma classificação, no primeiro caso de aliados ou membros da rede ou, no segundo caso, de bloqueadores ou desaceleradores. A figura 5 mostra os posicionamentos e as alternativas de ação estratégica do gerente de projeto em relação a eles.

Figura 5

IDENTIFICAÇÃO DAS PARTES INTERESSADAS

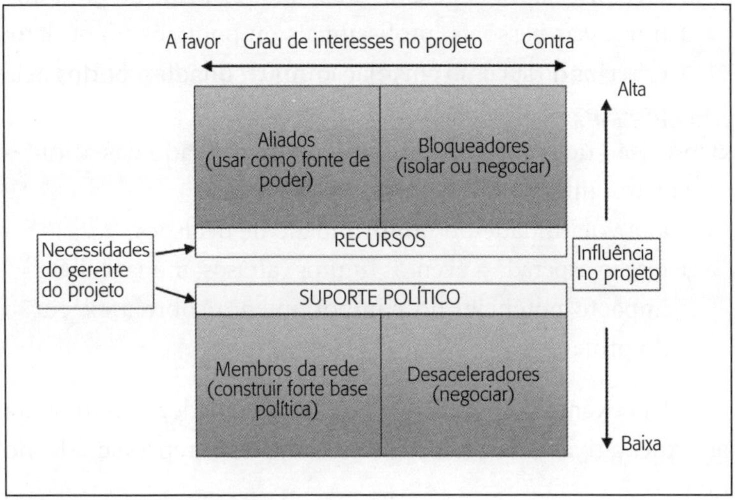

Fonte: Adaptado de Nolan (1987).

O cenário ideal para iniciar-se um projeto é a existência de aliados entre as partes interessadas críticas — aquelas com os recursos para comprometer e influenciar o suporte ao projeto, gerando uma situação em que existe o *buy-in* dos mesmos. Muitas vezes, entretanto, o gerente do projeto se confrontará com bloqueadores e desaceleradores, partes interessadas que não "compraram" o projeto e têm objetivos conflitantes com ele. Nessas situações o gerente terá de negociar com esses grupos para obter o compromisso necessário ou prolongar o prazo do projeto devido à necessidade de uma maior educação dos envolvidos e formação de alianças, que dependerão, novamente, de um trabalho adicional de comunicação com as partes interessadas.

Outros dois aspectos adicionais, relacionados a seguir, devem ser considerados na análise desse item e complementam as questões envolvidas na análise das partes interessadas:

- prioridades da parte interessada — enfoques que predominam na parte interessada:
  - foco prioritário em custo, prazo ou qualidade do produto;
  - interesses pessoais, profissionais ou políticos no projeto;
  - critérios de sucesso em relação aos resultados obtidos pelo projeto;
- previsão de comportamento — perfil esperado das atitudes da parte interessada:
  - alta volatilidade ou uniformidade de decisões;
  - reação esperada a eventos futuros (atrasos, mudanças etc.);
  - impacto potencial do comportamento sobre a execução do projeto.

Um exemplo de análise levando em consideração somente as expectativas das partes interessadas está representado no quadro 3.

Quadro 3

Identificação de partes interessadas para um projeto

	Focos de interesse		
Parte interessada	Custo	Prazo	Qualidade/ performance técnica
Cliente	Não ultrapassar	Não ultrapassar ou antecipar	Atingir ou superar
Gerente de projeto	< ou = meta	< ou = meta	Atingir ou superar
Fornecedores ou subcontratados	Não se preocupam com maior custo	Querem mais tempo	Atingir ou superar
Externos	Indiferentes	Indiferentes	Alta

continua

Parte interessada	Focos de interesse Custo	Prazo	Qualidade/ performance técnica
Equipe do projeto	Quer flexibilidade	Quer mais tempo para evitar pressão extra	Atingir ou superar
Alta administração	Cumprir	Cumprir	Atingir ou superar
Outras partes interessadas internas	Querem flexibilidade	Querem mais tempo	Querem flexibilidade

Fonte: Adaptado de Pinto (1994:124).

Como resultado prático da identificação das partes interessadas é obtido um registro contendo todos os detalhes relativos à sua identificação, avaliação e classificação. Detalhes comuns referem-se a nomes, cargos, posição no organograma, expectativas em relação ao projeto, influência que são capazes de exercer e outros.

3

Planejar as comunicações

Projetos bem-sucedidos são obtidos por meio de uma combinação de decisões, ações e estratégias eficazes. Eles raramente são executados por um indivíduo trabalhando num vácuo, mas por equipes de indivíduos com vários papéis e responsabilidades, que se relacionam com vários grupos ou pessoas interessadas nos resultados do projeto (*stakeholders*), pertencentes a diversas áreas da própria empresa ou a diferentes organizações.

Dependendo do porte e da natureza do projeto, as partes interessadas podem incluir qualquer combinação de executivos, gerentes de projetos, gerentes funcionais, membros de equipes de projeto, administradores, usuários, clientes, consultores ou fornecedores de serviços ou equipamentos. Eles podem ter diversos graus de experiência técnica ou administrativa e, certamente, terão diferentes expectativas, opiniões e atitudes em relação aos objetivos e ao direcionamento do projeto.

Manter esses indivíduos ou grupos totalmente informados e alinhados com o projeto é um desafio que somente pode ser superado com o uso de um conjunto de estratégias de comunicação cuidadosamente elaboradas, criativas e, ao mesmo tempo, práticas.

Este capítulo discute como tais estratégias são organizadas em políticas e ações definidas, tornando-se então um plano de comunicação, que precisa ser seguido à risca desde o primeiro dia até o final do projeto, de forma a auxiliar na sua conclusão e sucesso.

Plano de comunicação

O desenvolvimento de um plano de comunicação eficaz deve ter como objetivo atingir os seguintes propósitos:

- assegurar que as informações importantes cheguem às partes corretas nos prazos adequados;
- apontar e identificar problemas potenciais, por meio de reportes de andamento programados e consistentes;
- gerar entusiasmo e empolgação para com o projeto;
- facilitar a tomada de decisão e o controle de mudanças;
- oferecer um processo específico para *feedback* e resolução de conflitos;
- melhorar e facilitar o trabalho em equipe, a cooperação e colaboração.

Ainda que os detalhes de um plano de comunicação possam variar de acordo com a complexidade, tamanho e duração do projeto, qualquer plano deve observar os seguintes aspectos básicos:

- propósito — os objetivos da comunicação do projeto, seja ela formal ou informal;
- métodos — os mecanismos e formatos da comunicação no projeto;
- frequência — o momento (data e evento) e a frequência das atividades formais de comunicação.

A comunicação no projeto não deve ser apenas resultado natural das ações durante a sua realização; ao contrário, deve ser planejada. Conforme Verma (1995:75), "se a base do gerenciamento de projetos é a formalização de processos para alcançar melhor desempenho, a informação e a comunicação não podem ser relegadas ao improviso e à intuição".

A definição da estratégia e do plano de comunicação dela decorrente depende do entendimento da natureza do projeto e dos seus requisitos de comunicação. O enfoque do plano de comunicação deve variar em função das necessidades, complexidade e porte do projeto. As atividades formais de comunicação terão importância maior em grandes projetos no plano corporativo do que em projetos internos departamentais, que têm foco mais limitado e um número muito menor de participantes.

Conforme o *Guia PMBOK®* (2008:210), "o Planejamento das Comunicações é o processo de determinar as necessidades de informação das partes interessadas no projeto e definir uma abordagem de comunicação".

Entretanto, o gerente de projetos não deve impor aos interessados as informações que estes devem receber; ao contrário, deve planejar a comunicação levando em conta o que os interessados desejam receber. Ao planejar as comunicações, deve identificar as necessidades de informações e discutir o plano de comunicação com os interessados, de forma que este seja o mais aderente possível às suas necessidades no que se refere ao nível de detalhamento de informações, mídia, periodicidade etc.

Como esse processo está situado no planejamento do projeto, sua consecução deve estar sincronizada com a preparação do plano de gerenciamento e, sendo parte integrante dele, não pode ser negligenciada e deixada para ser desenvolvida durante a execução do projeto. Ainda segundo o *Guia PMBOK®*, o planejamento da comunicação em projetos pode ser entendido como um processo para o qual devem ser considerados quatro *inputs* básicos: registro das partes interessadas, estratégia para gerenciamento dessas partes, fatores ambientais da empresa e ativos de processos organizacionais.

Os dois últimos estão relacionados ao ambiente externo, mas podem exercer forte influência no próprio projeto:

- fatores ambientais da organização. Questões organizacionais, comportamentais, mercadológicas e tecnológicas, tais como:
  - cultura e estrutura organizacional ou da empresa;
  - normas governamentais ou do setor;
  - infraestrutura física (instalações e equipamentos) e tecnológica (bancos de dados e sistemas de informação existentes);
  - competência dos recursos humanos disponíveis;
  - administração de pessoal;
  - condições do mercado;
  - comportamento, expectativas e interesses das partes interessadas;
- ativos de processos organizacionais. Informações internas e bases de conhecimentos cujos efeitos no projeto devem ser considerados, tais como:
  - políticas, procedimentos, planos e diretrizes formais e informais;
  - lições aprendidas e conhecimentos obtidos de históricos de projetos anteriores semelhantes, especialmente nos aspectos relacionados a problemas de comunicações.

Os outros dois *inputs* estão relacionados mais diretamente a como lidar com as partes interessadas:

- registro das partes interessadas — contém todos os detalhes relativos às mesmas, como:
  - informações de identificação (nome, posição na empresa, papel etc.);

- informações de avaliação (requisitos essenciais, expectativas, influência etc.);

- estratégia para gerenciamento das partes interessadas — define uma abordagem para aumentar o apoio e minimizar os impactos negativos das partes interessadas durante o projeto. Inclui assuntos como:
  - principais partes interessadas que podem afetar o projeto de modo significativo;
  - nível de participação no projeto desejado para cada parte interessada identificada;
  - grupos de partes interessadas e sua administração.

Mais detalhes sobre a elaboração dos planos podem ser encontrados nos livros correspondentes desta mesma série das Publicações FGV Management: *Escopo em projetos*, *Tempo em projetos*, *Pessoas em projetos*, *Risco em projetos* e *Aquisições em projetos*.

Componentes do plano de comunicação

Esse plano constituirá uma seção do plano de gerenciamento do projeto, definindo todo o gerenciamento da comunicação por meio de um documento de fácil entendimento que inclua:

- procedimentos para coleta de informações do projeto;
- descrição do livro de controle do projeto, que mais do que um único livro, representa, na prática, uma biblioteca, que será o ponto central de coleta e compartilhamento das informações, definindo como as mesmas serão atualizadas;
- uma lista de distribuição de informações estabelecendo se foram fornecidas, por quem, para que parte interessada, em que formato e com que frequência;

- uma descrição do formato e conteúdo de cada informação que é distribuída regularmente, usando-se, sempre que possível, formulários padronizados e *templates* (modelos);
- um cronograma apresentando a periodicidade de cada informação distribuída regularmente e a pessoa responsável pela sua geração;
- um cronograma de reuniões definidas de forma sincronizada — reuniões com fornecedores antes das reuniões internas, reuniões de nível gerencial ou tático antes das reuniões executivas ou estratégicas, enfatizando-se as reuniões obrigatórias por contrato.

O gerente de projeto está no centro de toda a comunicação. Obter a informação certa na hora certa é fundamental para o seu sucesso. Com informação atualizada na ponta dos dedos, no formato correto, podem-se preparar relatórios quase automaticamente. Boa documentação, por outro lado, significa menos discussões e conflitos. Assim, o fato de ter-se preparado um plano de comunicação compreensível no momento do *kick-off* do projeto pode trazer muita economia de tempo, energia e preocupação.

A estrutura básica de um plano de comunicação é composta de linhas que contenham, no mínimo, os seguintes componentes:

- partes interessadas-alvo;
- mensagens customizadas;
- método adequado de comunicar cada mensagem;
- pessoa responsável pela comunicação;
- esquema de tempo da comunicação.

Nas próximas seções discutem-se as fases do processo de desenvolvimento do plano de comunicação que, realizado passo a passo e com a utilização de técnicas de análise específicas, permitem que cheguemos ao seu final com a estrutura desejada.

Requisitos de comunicação

Na primeira fase, deve-se levar em consideração que cada projeto tem sua própria "personalidade", formada pela combinação de diversos fatores-chave, os quais, por sua vez, definem as necessidades que devem ser consideradas num plano de comunicação eficaz. Os fatores-chave são:

- tipo de projeto — desenvolvimento de produto, implementação de sistemas, modificação de processos, reorganização administrativa;
- duração estimada — dias, meses, anos;
- porte do projeto — subprojetos, fases, número de atividades, recursos envolvidos, abrangência (corporativa/departamental);
- organização do projeto — níveis executivos participantes, departamentos envolvidos, estrutura da equipe de projeto, usuários, clientes, fornecedores.

O gerenciamento de projetos requer um considerável grau de integração e um controle das interfaces com muitos grupos e pessoas. Segundo Werna e colaboradores (1999), citado por Harphaw e coautores (2001), os gerentes de projeto usam diferentes chapéus e assumem diversos papéis, precisando interagir com um grande número de partes interessadas (*stakeholders*) que podem representar um papel significativo no alcance dos objetivos do projeto. De acordo com o *Guia PMBOK®* (2008:27), partes interessadas são "pessoas ou organizações ativamente envolvidas no projeto ou cujos interesses podem ser positiva ou negativamente afetados pela execução ou término do projeto". Partindo-se desse princípio, as interfaces com elas precisam ser eficazes para ganhar a sua confiança e garantir a sua cooperação. Assim pode-se criar um verdadeiro espírito de equipe, onde cada um ajuda a otimizar a contribuição dos outros para o sucesso do projeto.

A menos que identifiquemos as partes interessadas-chave (indivíduos ou grupos) e seja estabelecido seu interesse específico no projeto, é muito difícil preparar-se uma boa estratégia e um bom plano de comunicação.

O processo de comunicação é o principal recurso que o gerente de projeto utiliza para gerenciar o seu relacionamento com as partes interessadas. Para garantir a eficácia do processo devem-se estabelecer, de forma específica, os requisitos de informação que atenderão às expectativas das partes interessadas, alinhados com as características das mesmas.

A avaliação dos requisitos acima envolve as seguintes questões:

- com quem precisamos nos comunicar e qual o perfil das partes interessadas;
- qual o propósito dessa comunicação?

Desenvolvimento das mensagens e meios de comunicação

Terminada a fase de avaliação dos requisitos de comunicação, por meio dos aspectos discutidos em seções anteriores, voltadas para a identificação e análise das partes interessadas, pode-se, na próxima fase, considerar a questão quanto aos propósitos da comunicação, definindo-se como será possível atingi-los. O plano de comunicação precisa estabelecer quais as mensagens adequadas que, utilizando os métodos e mecanismos disponíveis, permitirão que a estratégia de comunicação seja atingida.

O planejamento da comunicação chega agora na sua parte mais crítica, na qual é preciso definir, com base na análise das partes interessadas, o que se pretende enviar/receber, em termos de informação, para/das partes interessadas, e sob que formato e mídia de comunicação. O desenvolvimento de mensagens deve ser feito, na medida do possível, em função do tempo e recursos disponíveis, de forma customizada, visando a uma maior eficiência mas, fundamentalmente, a uma melhor eficácia no cumprimento da estratégia de comunicação do projeto. Segundo Quirke (1996), pode-se planejar a combinação de mensagens com os meios de comunicação para desenvolver diferentes graus de envolvimento:

- conscientização — fazer com que as pessoas tenham ciência de algo;
- compreensão — fazer com que as pessoas tenham ciência e algum tipo de assimilação, visando evitar percepções distorcidas que possam gerar boatos;
- apoio — permitir aos participantes aprofundar o conhecimento no assunto objeto da comunicação e fazer com que eles colaborem com informações, quando necessário;
- envolvimento — envolver os participantes no assunto (normalmente implica crença ou *buy-in* no projeto);
- comprometimento — obter dos envolvidos participação mais efetiva e o compromisso com a solução ou ações.

Cada um desses itens define um grau de envolvimento diferente, sendo o menor grau de envolvimento a conscientização e o maior grau o comprometimento. Um dos fatores que costuma indicar a necessidade de se conseguir um maior envolvimento é a profundidade (grau de impacto) das mudanças organizacionais provocadas pelo projeto. Cada nível, por sua vez, terá meios de comunicação mais indicados para a transmissão de suas mensagens, cujo dinamismo é apresentado na figura 6.

Figura 6

ANÁLISE DE PARTES INTERESSADAS PARA UM PROJETO (EXEMPLO)

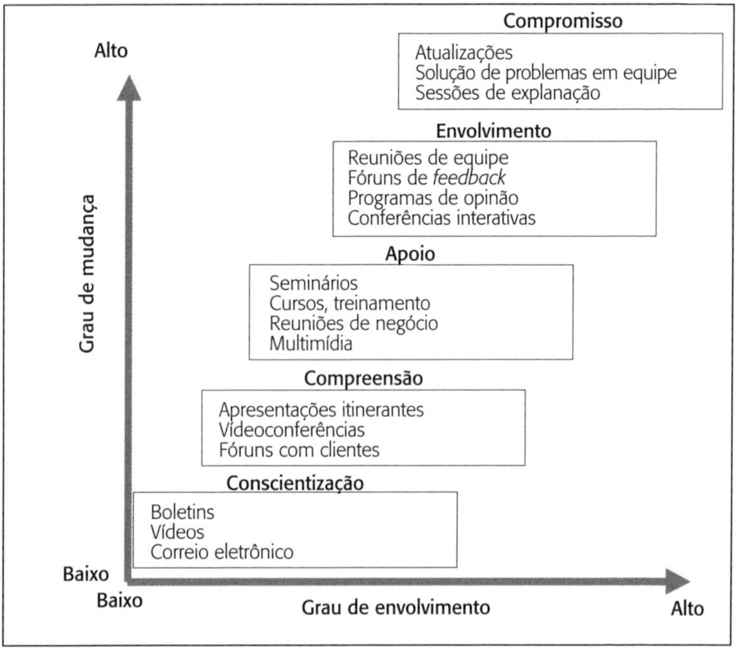

Fonte: Adaptado de Quirke (1996).

Avaliar, portanto, o grau de envolvimento atual e o necessário é condição fundamental para planejar-se a mensagem correta, do modo adequado e para a pessoa certa.

Além do envolvimento, outro aspecto que pode ser levado em consideração para a definição de mensagens a serem enviadas é o suporte que já se tem e o que precisa haver, da parte interessada. Tal suporte pode se apresentar de duas formas:

- de modo formal — contrato de apoio ou opositor ao projeto. Nesse caso a comunicação deverá assegurar que o contrato de apoio seja mantido ou que o contrato opositor seja retirado ou não afete o projeto;

- de natureza informal — nível de confiança no projeto e na sua gerência. Nessa situação, as mensagens devem aumentar o grau de confiança existente.

Métodos e mecanismos de comunicação

Atender aos requisitos de comunicação por meio das mensagens transmitidas e recebidas por partes interessadas dependerá, evidentemente, da avaliação e emprego de nossas capacidades para a execução de uma comunicação eficiente e eficaz.

As questões críticas que estabelecerão os recursos necessários podem ser analisadas sob três aspectos:

- informações que devem ser coletadas:
  - que informações devem ser obtidas;
  - quem precisa ser envolvido na coleta de informações;
  - que técnicas devem ser usadas para obtê-las;
  - como a informação vai ser registrada;
  - como vai ser assegurada sua acurácia;
- comunicação interna ao projeto:
  - que informações internas devem ser coletadas;
  - quem precisa ser envolvido e em que tipo de informação interna;
  - que procedimentos internos são necessários para assegurar a disseminação acurada e em tempo da informação;
  - que métodos devem ser usados para capturar e registrar as informações internas;
  - que tipos de reuniões são necessárias (e que tipos são desnecessárias);
- informações que devem ser disseminadas:
  - como as informações de progresso e status serão coletadas;
  - como serão reportadas — com que frequência e em que formato;

- quem deve receber informações de progresso;
- que tipos de informação devem ser disseminadas.

Métodos e mecanismos que devem ser considerados:

- comunicação geral — manter os participantes mais diretamente ligados ao projeto informados das atividades, decisões e eventos relativos a ele;
- relatórios de andamento — manter a equipe de projeto, patrocinadores e outras partes críticas interessadas informadas da situação geral do projeto, fornecendo informações críticas para planejamento e tomada de ações;
- gerência de reuniões — planejar e programar reuniões eficazes e produtivas;
- gerência de questões (*issues*) — organizar e acompanhar questões técnicas e de projeto;
- gerência de problemas — monitorar e escalar problemas e atrasos;
- gerência de *feedback* — fornecer mecanismos para um *feedback* eficaz;
- gerência de mudanças — permitir e facilitar a comunicação e o controle das solicitações de mudanças no projeto.

Ferramentas de comunicação

Os processos e a tecnologia de comunicação fornecem os meios técnicos (ferramentas) pelos quais a informação é distribuída, o progresso é reportado e o *feedback* é solicitado e levantado. Em função do ambiente do projeto, as ferramentas utilizadas poderão ser, entre outras:

- softwares de gerenciamento de projeto;
- websites;
- e-mail;

- ferramentas *case*;
- repositórios centrais;
- bancos de dados de discussão;
- sistemas *groupware*;
- sistemas de agendamento e programação;
- tele e videoconferência.

Os aspectos tecnológicos e operacionais das ferramentas eletrônicas de comunicação serão discutidos com mais detalhes no capítulo 4.

Apesar do grande número de recursos tecnológicos disponíveis atualmente para facilitar a comunicação, não se podem dispensar reuniões presenciais e contatos face a face como elementos essenciais a uma boa comunicação.

Chegamos ao final desta fase ao estabelecer os mecanismos mais indicados para transmitir ou receber as mensagens específicas definidas para cada parte interessada analisada no projeto. Com o estabelecimento dos responsáveis pelos eventos e o cronograma de execução dessas ações, concluiremos, nas próximas fases, os componentes do plano de comunicação.

Responsabilidade pelas mensagens

Essa fase define o componente seguinte do plano de comunicação: os responsáveis pelas mensagens identificadas anteriormente. Normalmente a responsabilidade de agir nos diversos graus de envolvimento varia na hierarquia da empresa. A administração central e a alta administração atuam mais na esfera de compreensão e conscientização; os diretores das áreas atuam em compreensão e apoio; os gerentes funcionais locais atuam na área de envolvimento; e os gerentes ou líderes de projetos atuam nas áreas de envolvimento e compromisso. Os líderes de equipe são mais próximos, no nível de compromisso. Cada mensagem tem, em função da sua natureza e do receptor (parte interessada-alvo), um comunicador mais adequado que, agindo como transmissor da comunicação, poderá conseguir atingir de forma mais eficaz o objetivo originalmente planejado para a comunicação. Isso deriva do fato de que aspectos de hierarquia, confiança e credibilidade do responsável pela comunicação são levados em consideração pela parte interessada-alvo, e podem facilitar ou colocar barreiras à comunicação. Chega-se, portanto, à determinação de um responsável específico pela comunicação de cada mensagem.

Eventos de comunicação

O componente seguinte do plano de comunicação estabelece o esquema de tempo em que ocorrerá cada comunicação do projeto. Entre outros elementos, nesse processo deve ser utilizada, como referência fundamental, a estrutura analítica do projeto (EAP), especificação que pode ser analisada em mais detalhes no livro *Escopo em projetos*, desta mesma série das Publicações FGV Management. Os segmentos lógicos do projeto ali definidos estabelecem, nas suas datas de início e fim planejadas, os marcos-chave, nos quais devem ser programados os eventos mais críticos de comunicação e também nos quais estarão envolvidas as mensagens identificadas nas fases descritas anteriormente. Adicionando-se a isso um estudo do cronograma das atividades do projeto e as técnicas de comunicação definidas (reuniões, relatórios, registros de acompanhamento), todos os eventos de comunicação serão associados a datas específicas ou frequências de realização previamente estabelecidas.

Finalizando a apresentação do planejamento da comunicação, analisamos como devem ser avaliadas e planejadas as questões das mudanças associadas ao andamento de cada projeto.

Gerência de mudanças no projeto

É razoável esperar que mudanças ocorram em vários momentos do projeto, e é conveniente estar preparado para isso e definir um processo para gerenciá-las. A questão da comunicação será um dos pontos básicos no tratamento do assunto. Apesar dos vários tipos de mudança (escopo, qualidade, prazo, custo etc.), sob o ponto de vista da comunicação, existem elementos comuns que devem ser considerados no plano de comunicação e que levarão em conta dois aspectos fundamentais nas mudanças:

- necessárias (requeridas) — normalmente surgem de problemas de processos, atrasos de cronograma, questões técnicas ou falta de recursos para o projeto (humanos ou financeiros). Essas questões necessitam de uma forte atenção do gerente, e ele precisa reagir a elas com modificações no plano do projeto, no orçamento, no cronograma, nos *deliverables* (entregas) ou em algum outro aspecto dos processos do projeto;
- solicitadas — é bastante comum que os requisitos técnicos ou de negócio se alterem durante a vida de um projeto, demandando uma certa flexibilidade dos responsáveis e das partes interessadas. Ainda que nem todas as solicitações de mudança sejam (ou devam ser) aceitas e implementadas, precisa haver um processo no qual possam ser tratadas.

O plano de comunicação deve especificar os procedimentos que se aplicam a cada uma das circunstâncias de mudança detalhadas a seguir, que dependem do sentido do fluxo pelo qual a mudança é direcionada.

Mudança necessária

Fluxo de comunicação: equipe do projeto → partes interessadas do projeto

Para preparar o terreno para um gerenciamento efetivo de mudança, o plano de comunicação deve endereçar os meios pelos quais esse tipo de mudança é discutida, revista e comunicada dentro da equipe do projeto e no meio das partes interessadas, ou seja:

- sob que circunstâncias serão realizadas reuniões de controle de mudança;
- as mudanças necessárias serão gerenciadas via registro de questões (problemas);
- como o *feedback* das mudanças necessárias será solicitado e consolidado;
- como as decisões de gerenciamento de mudanças serão comunicadas às partes interessadas e participantes do projeto.

Mudança solicitada

Fluxo de comunicação: partes interessadas do projeto → equipe do projeto

O plano de comunicação deve estabelecer qual o mecanismo para a submissão, recebimento e resposta às solicitações de mudança por meio de comunicações, ou seja:

- um formato definido para solicitações de mudança (requisitos de conteúdo dos pedidos);
- um método definido de distribuição (papel ou eletrônico);
- definição dos indivíduos responsáveis pelo recebimento e processamento das solicitações;

- ❑ diretrizes de gerenciamento de mudança (base para aprovação, rejeição ou considerações adicionais);
- ❑ um formato definido para respostas às solicitações.

O gerenciamento de mudanças é, provavelmente, um dos aspectos politicamente mais sensíveis no gerenciamento de projetos. Quando uma parte interessada solicita uma alteração substancial num projeto, o pedido pode criar inúmeros problemas para o gerente e para a equipe. Apesar das melhores intenções do solicitante, podem surgir sérios impactos no cronograma e nos recursos do projeto, sem mencionar, também, as implicações técnicas.

O que se quer salientar, entretanto, é que as mudanças não serão apropriadamente gerenciadas e controladas se pelo menos o processo pelo qual elas são comunicadas não for adequadamente definido e implementado.

Alguns modelos de formulários para implementação deste processo são apresentados no apêndice F.

Encerramos, assim, o desenvolvimento de todos os componentes básicos necessários para a montagem do plano de comunicação:

- ❑ partes interessadas (grupos ou indivíduos) envolvidos na comunicação do projeto e suas categorias;
- ❑ aspectos organizacionais e pessoais das partes interessadas (importância, influência, interesses, motivações, prioridades e comportamento);
- ❑ tipos e conteúdo das mensagens, customizadas para cada parte interessada;
- ❑ método adequado de comunicar cada mensagem;
- ❑ responsáveis (emissores designados) para cada mensagem ou evento de comunicação;
- ❑ esquema de tempo (datas ou periodicidade) de execução dos eventos de comunicação.

O gerenciamento da comunicação no projeto visa planejar, executar e controlar o fluxo de informações necessárias ao sucesso do mesmo. Neste capítulo foi visto que, por meio de uma adequada análise das partes interessadas nos resultados do projeto, é possível modelar a estrutura necessária para que os canais de comunicação sejam os mais efetivos. O gerente de projeto deve ter consciência do tipo de envolvimento que espera ter do público-alvo para escolha da abordagem mais apropriada à comunicação. O resultado final do processo de planejamento de comunicação deverá identificar, portanto, todas as técnicas específicas, reuniões, relatórios, registros de acompanhamento, formulários e *templates* (modelos), que serão necessários para se manter uma comunicação eficaz no projeto.

Discutidas as diversas etapas de preparação de um plano de comunicação, será interessante a análise de um plano de comunicação completo, com todos os componentes básicos desenvolvidos. No apêndice A é apresentado um exemplo de plano, estruturado em seções, como normalmente são preparados esses documentos, baseado em um projeto fictício, apresentando os diversos elementos, de forma a facilitar o seu entendimento e utilização como referência.

Nos próximos capítulos veremos como as funções do gerenciamento das comunicações, usando o plano de comunicação desenvolvido, dão suporte às fases de execução e controle e monitoramento do projeto.

4 Executar a comunicação

À medida que ocorre a fase de execução do projeto, está sendo realizada a implementação do gerenciamento das comunicações, por meio das ações previstas no plano de comunicação. Conforme definido no *Guia PMBOK*® (2008:205), nesta fase de execução da comunicação ocorre, na prática, a distribuição da informação que envolve "colocar as informações necessárias à disposição das partes interessadas no projeto conforme planejado".

Isto significa também fazê-lo no momento oportuno e, é claro, responder às solicitações de informações não previstas no planejamento.

A partir daí surge a maior parte dos problemas e exceções no ciclo de vida de um projeto. E o maior desafio em comunicação pode ser, às vezes, a manutenção das informações. A coleta, a sistematização e a distribuição das informações apropriadas durante o projeto são um grande problema para o gerente e sua equipe, que devem ter disciplina e persistência nessa prática.

Este capítulo discute o processo de distribuição da informação abordado não só no que se refere às ferramentas eletrônicas usualmente empregadas, como também no que tange às técnicas face a face, de grande poder de comunicação, mas que requerem um maior conjunto de habilidades pessoais por parte do gerente do projeto.

Tecnologias na distribuição das informações

As informações dos projetos devem estar disponíveis no momento certo, no formato correto e consistente. Com o uso de metodologia apropriada e a criação de um bom plano, os gerentes podem dar um grande salto rumo à eficiência na comunicação.

O compromisso dos envolvidos em adequar-se ao modelo, utilizar efetivamente as ferramentas e manter as informações atualizadas é imprescindível ao sucesso de qualquer plano de comunicação.

Atualmente, existem soluções tecnológicas abundantes e baratas que auxiliam na comunicação, conforme ilustra a figura 7.

O processo de distribuição para os participantes pode utilizar-se de aplicativos de uso geral, tais como MS-Office ou OpenOffice, ou de aplicativos especializados para suporte ao gerenciamento de projetos, tanto com o emprego de papel quanto de mídia eletrônica. As informações também podem ser digitalizadas e utilizadas em ferramentas GED (gerenciamento eletrônico de documentos).

Caso os aplicativos em uso ou que possam ser adquiridos pela organização não implementem todas as funcionalidades desejadas, podem-se desenvolver, nas empresas, aplicações internas que permitam a criação e uso de bancos de dados de

Figura 7

INFRAESTRUTURA TECNOLÓGICA PARA COMUNICAÇÃO

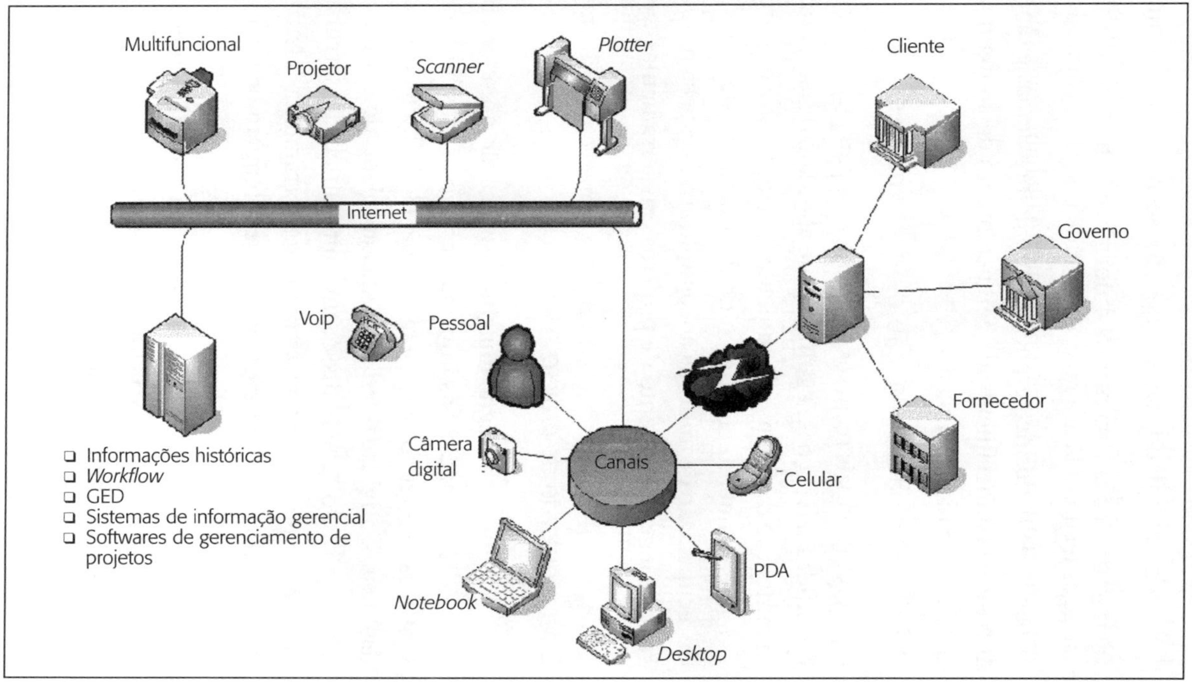

conhecimento, englobando, entre outros apresentados no *Guia PMBOK®* (2004:101):

- base de conhecimento de informações históricas e lições aprendidas;
- banco de dados de gerenciamento de problemas e defeitos;
- base de conhecimento de gerenciamento de configuração;
- base de dados financeiros;
- arquivos do projeto.

Os principais recursos e ferramentas para distribuição são discutidos nas seções seguintes, que abordam desde a criação e manutenção da extensa documentação empregada nos projetos e o gerenciamento eletrônico de documentos, até os sistemas de recuperação de informação, os aplicativos especializados em suporte a gerenciamento de projetos e as ferramentas web.

Documentação do projeto

Ninguém consegue imaginar a execução do seu trabalho, nem a disseminação das informações necessárias hoje em dia, sem o uso da tecnologia. Sem dúvida, ela influencia a maioria das nossas atividades relacionadas ao plano de comunicação do projeto. Por causa disso, um mito difícil de derrubar é o de que a equipe que tem as melhores ferramentas eletrônicas do mercado para documentar o projeto tem também a melhor comunicação.

Tal raciocínio é baseado na ideia de que a tecnologia sozinha é suficiente para realizar a melhor opção de coleta, armazenagem e distribuição das informações do projeto. Entretanto, apesar de ter uma enorme importância, a tecnologia não é capaz de sintonizar a comunicação do projeto aos seus objetivos e, assim, fazer com que suas atividades sejam desenvolvidas por meio das melhores técnicas e com a máxima cooperação entre as partes interessadas. É necessário muito mais que só a tecnologia.

É muito comum observar empresas à procura do melhor software para dar conta do gerenciamento da documentação de um projeto sem, ao menos, entender qual o melhor processo de comunicação para ele. Muitas vezes tal processo nem está definido e a expectativa é a de que o próprio software desempenhe esse papel.

Em primeiro lugar, para se implantar uma solução eletrônica eficaz, que realmente contribua para a comunicação entre as diversas pessoas envolvidas com o projeto, é preciso entender como se quer implementar os seus processos. Para isso, pode-se partir da identificação do tipo de processo que será utilizado na comunicação do projeto. Por exemplo:

- sob demanda (*ad hoc*) — pouco padronizado, onde cada membro da equipe tem liberdade para definir o formato da documentação;
- centralizado — documentação padronizada e níveis de visibilidade bem-definidos;
- colaborativo — processo voltado para o trabalho em equipe, no qual a interdependência das atividades são características cruciais do projeto.

Entendido o primeiro aspecto, é possível passar ao segundo passo. Quais os tipos de objeto que serão armazenados e disseminados? Por exemplo: a comunicação será apenas por meio de formulários eletrônicos ou usará imagens, arquivos de algum software específico, planilhas, voz e apresentações?

A escolha do software que será utilizado sofre grande influência do tipo de objeto. É importante ficar alerta quanto a isso, pois um software de grande funcionalidade pode não ser o mais adequado ao seu projeto por não incluir, exatamente, aquilo de que você precisa.

Existem outras variáveis igualmente importantes que não podem ser esquecidas. Por exemplo, a plataforma computacional disponível, que inclui a máquina servidora, o software que administra o banco de dados, o sistema operacional que será utilizado, a infraestrutura de rede e o treinamento necessário para o funcionamento do sistema.

Atualmente várias empresas possuem sistemas integrados de informações administrativas abrangendo todas as suas áreas e funções. Um desses aplicativos é conhecido como ERP, sigla para *enterprise resource planning*, que significa planejamento de recursos do empreendimento. Esse sistema ajuda a organização a executar seus processos de negócios, como o planejamento de sua produção, o gerenciamento de materiais, vendas e distribuição, finanças, recursos humanos e gerenciamento de qualidade, entre outros. Uma vez que todos os processos de negócios estejam integrados, estarão disponíveis informações mais precisas e confiáveis relacionadas aos projetos. A implantação de um sistema ERP reduz dados e atividades duplicadas, e disponibiliza informações de forma corporativa e transparente.

Muitas empresas desenvolveram seus sistemas proprietários de gerenciamento e integração administrativa, o que, na maioria dos casos, os torna mais flexíveis, ou seja, adaptáveis às necessidades de gerenciamento de cada um dos projetos.

De fato, um sistema de informações para o projeto integrado ao ERP é uma vantagem enorme. Aumenta a sua produtividade, agilizando a busca pelas informações e a recuperação dos documentos e produtos do projeto, além de reduzir os custos da implantação do plano de comunicação. Os gerentes sabem que ter a informação necessária na hora certa pode ser a diferença entre tomar ou não a melhor decisão para o projeto.

Por último, note que o que define o melhor produto para atender a uma determinada necessidade é a própria necessidade, e não a categoria e demais avaliações que o produto venha a ter.

Nas seções seguintes analisaremos alguns usos específicos dos meios eletrônicos de comunicação em ambientes de projeto.

Gerenciamento eletrônico de documentos (GED)

Armazenar e compartilhar documentos em meio eletrônico traz inúmeras vantagens para a comunicação em um projeto. Ao contrário dos documentos em papel, difíceis de serem distribuídos e analisados em projetos não locais, as imagens digitais podem ser acessadas simultaneamente de forma remota por vários computadores. Além disso, as informações permanecem mais seguras e os processos de gerenciamento das atividades do projeto são muito mais eficazes.

O GED é o conjunto das tecnologias utilizadas para gerenciar documentos de forma digital. Tal tecnologia nasceu com a digitalização apenas de documentos em papel. A ideia era nada mais do que tornar um documento visível em rede pela tela de um computador. Entretanto, hoje não existe, a princípio, restrições com relação à natureza dos documentos digitalizados. Eles podem ser das mais variadas origens e mídias, como papel, imagem, microfilme, áudio, vídeo e, até, arquivos que já foram originalmente criados de forma digital.

De fato, a falta de gerenciamento desse mundo de documentos digitais que integram um projeto implica muitas cópias de diversas versões, duplicação de arquivos, provocando a má utilização de espaço em discos e custos desnecessários com armazenamento. Para controlar as informações digitais, quer sejam ou não originalmente eletrônicas, o conceito sobre o que é GED ampliou-se quase automaticamente.

As tecnologias atualmente existentes consistem em fornecer soluções para as cinco etapas que caracterizam a administração eletrônica das informações de uma organização. Essas etapas possuem as seguintes características específicas:

- captação — é o modo como as informações e documentos, eletrônicos ou em papel, passam para um repositório eletrônico de conteúdo, para serem reutilizados, distribuídos e armazenados pelo projeto;
- armazenamento — é onde o conteúdo é colocado após a captação, e como ele ficará disponível para o projeto;
- gerenciamento — ferramentas e técnicas para que as informações trafeguem pela organização;
- distribuição — técnica empregada para que o conteúdo certo seja levado ao público certo no dispositivo certo e no instante desejado;
- preservação — opções de armazenamento de longo prazo do conteúdo essencial dos projetos da organização.

As principais tecnologias são:

- gerenciamento corporativo de relatórios (Cold/ERM — *computer output to laser disk/enterprise report management*) — tecnologia responsável por armazenar e indexar dados que foram gerados a partir de um sistema administrativo da empresa ou qualquer outro tipo de processamento eletrônico. Esses relatórios são organizados em discos magnéticos, discos óticos ou fitas magnéticas para serem acessados, visualizados, impressos, transmitidos por fax ou distribuídos pela internet. Essa técnica é utilizada quando os dados precisam ser distribuídos para consulta, revisão ou conferência e inclui, também, a possibilidade de fazer correções e anotações nos relatórios;
- gerenciamento de imagens de documentos (*document imaging*) — processo de captação, armazenamento e procura de documentos. Com isso, independentemente do formato original, os processos de consulta e distribuição das informações do projeto são agilizados. Por isso essa tecnologia desempenha uma função importante em projetos onde a quantidade de

documentos em papel é grande. Aqui é importante diferenciar um documento proveniente da digitalização (aquele que é transformado em uma imagem) daquele que vem da digitação, que se torna um documento textual. Os documentos no formato imagem são, em média, 10 vezes maiores que os textuais. Além disso, um fato complicador é que esse tipo de documento não pode ser editado por sistemas típicos de processamento de dados. Para que uma imagem seja tratada, ela deve passar por um processo de reconhecimento de caracteres que a transforma num arquivo de dados realmente textual, que pode ser editado de forma usual. A tecnologia DI trabalha com os documentos no formato imagem;

- processamento de formulários (*forms processing*) — tecnologia utilizada para converter um formulário digitalizado, e que se tornou uma imagem, em informações que podem ser reconhecidas pelo sistema, extraindo dados dos seus campos e linhas. Essa tecnologia automatiza o processo de digitação. Quando o reconhecimento se processa sobre caracteres padronizados, como letras e números, utiliza-se a tecnologia OCR (*optical character recognition* ou reconhecimento ótico de caractere), mas quando é preciso reconhecer textos manuscritos, onde não existe uma padronização definida, a tecnologia é o ICR (*intelligent character recognition* ou reconhecimento inteligente de caractere);
- gerenciamento de documentos digitais (*document management*) — tecnologia responsável por gerenciar os documentos criados eletronicamente. Com isso, aqueles que possuem grande quantidade de revisão passam a ter um controle maior, tanto em termos de organização quanto em termos de segurança. Localizadores lógicos, como a indexação, são criados facilitando a consulta desses documentos. Com isso é possível controlar as versões dos documentos, datas das al-

terações feitas pelos respectivos usuários, assim como todo o histórico da vida do documento. As grandes aplicações são os projetos na área de normas técnicas, manuais e desenhos de engenharia. Entretanto, nos últimos anos, com a automação dos escritórios, o *document management* tem sido utilizado para todos os documentos de uma empresa.

Como visto, os sistemas de gerenciamento eletrônico de documentos não são simplesmente sistemas de gerenciamento de arquivos, e podem tornar a comunicação em projetos muito mais eficaz, pois são capazes de implementar formas de categorização de documentos, tabelas de temporalidade, ações de disposição e, ainda, controlar níveis de segurança. Atualmente, sistemas desse tipo são cruciais para a manutenção das bases de informação e conhecimento dos projetos de uma empresa, gerando o conteúdo necessário para a gestão do conhecimento.

Sistemas de recuperação de informação

As informações dos projetos e os arquivos geralmente são armazenados em mídia eletrônica para uso pelos interessados. Uma das questões tecnológicas atuais mais impressionantes está relacionada com a explosão da capacidade de armazenamento de dados, que vem reduzindo dramaticamente o custo por bilhão de caracteres. Esse custo, que atualmente se situa na faixa de US$ 1,6 mil, passará, em dois anos, a US$ 400, com tendência a continuar diminuindo. Esse volume de dados pode conter as conversações telefônicas de uma pessoa por toda a sua existência ou guardar todas as imagens que ela possa filmar durante seis meses. Se, por um lado, essa evolução pode permitir uma capacidade quase ilimitada de armazenamento, ela traz, em decorrência, maiores desafios nas tarefas de buscar a informação específica desejada em bases tão grandes.

A tarefa de recuperação de informações pode depender de arte e ciência para que se consiga descobrir a informação desejada nos documentos armazenados, encontrar os próprios documentos requeridos ou pesquisar informações em bases de dados relacionais ou em bases de hipertextos. Cada uma dessas tarefas pode requerer uma tecnologia própria para que se consiga alcançar a informação específica necessária. Os sistemas de consulta mais comuns são os que se utilizam de recursos de *queries* para essas funções. Para isso, deve haver a preocupação de se manter um ambiente seguro e consistente de armazenamento das informações. Ao planejar as comunicações nos projetos, o gerente deve se preocupar com a mídia a ser utilizada, a periodicidade do documento, o responsável pela geração e manutenção da documentação. Além disso, outras informações podem ser úteis: temporalidade (tempo de guarda da documentação), padronização de nomes de arquivos, informações de sigilo dos documentos, definição de nível de acesso a eles, entre outras informações.

Aplicativos para suporte ao gerenciamento de projetos

Como qualquer atividade de gestão, as responsabilidades de gerenciamento de projetos não são "automatizáveis", dependendo fundamentalmente da intervenção humana para sua efetivação. Entretanto, devido aos requisitos específicos de tratamento de dados para desempenho dessa função, têm sido desenvolvidos comercialmente aplicativos que oferecem funções especializadas para suportar as atividades de gerenciamento de projetos.

Em termos de processos de gerenciamento, tais aplicativos podem atuar em todas as etapas, tanto na iniciação ou no planejamento, quanto na execução, controle ou encerramento. A maioria deles, apesar de não atender a todas as áreas de conhecimento, auxilia não somente no gerenciamento de recursos (humanos, materiais e financeiros), prazos, riscos etc., como também permite o registro e gestão de problemas, mudanças, ações corretivas/preventivas e lições aprendidas. Pode-se dizer inclusive que, pelas suas funcionalidades, a área de gerenciamento de comunicação é uma das mais atendidas por esses aplicativos, visto que suportam extensivamente a documentação, representação de dados e criação de bases de dados, trabalhando, na sua maioria, em ambiente colaborativo. O mercado desses aplicativos é bastante dinâmico e o leitor deve estar atento à evolução de seus lançamentos e ao constante desenvolvimento de novas funções, no momento de sua avaliação e aquisição.

Ferramentas web e o ambiente colaborativo

Existe, hoje em dia, uma gama enorme de opções para comunicação: teleconferência, e-mails, web, ambiente colaborativo, chats com câmera, relatórios impressos, apresentações ao vivo e muitas outras alternativas. A escolha da mídia dependerá do custo, da mensagem que se pretende passar e da disponibilidade da pessoa, entre outros fatores.

Com a atual disponibilidade de recursos tecnológicos e de telecomunicações, o gerente de projetos pode lançar mão desses recursos para potencializar a comunicação entre os envolvidos, criando um ambiente colaborativo no qual a comunicação possa fluir com melhor eficiência e eficácia, e onde melhores controles possam ser implementados. Várias opções podem ser utilizadas, como veremos a seguir.

Intranet e extranet

Aplicações web acessadas pela intranet (ambiente web interno da empresa) ou extranet (ambiente web externo à empresa) podem tornar-se poderosos meios de comunicação.

Com aplicações web, a equipe e outros interessados podem ter acesso aos arquivos do projeto, receber e-mails, criar fóruns de discussão, participar de chats (conversas online), compartilhar agendas de reuniões, entre outras inúmeras facilidades. Pode ser um ambiente consolidador de todas as informações do projeto, permitindo acesso independentemente da localização dos participantes, sendo desenvolvido nos portais de projetos nas empresas ou por meio de aplicativos de mercado, de uso geral ou especializado para gerenciamento de projetos.

Vídeo ou teleconferência

A distância física entre os participantes dos projetos pode ser reduzida pelo uso de tecnologia de videoconferência ou de teleconferência, que permite que reuniões, por exemplo, sejam feitas com a participação de profissionais distribuídos geograficamente, reduzindo gastos e tempo com locomoção, entre outros custos. O gerente de projetos tanto pode utilizar recursos sofisticados da empresa, se esta os possuir, quanto optar por recursos mais baratos e disponíveis. Atualmente a internet oferece facilidades como o *messenger*, uso de transmissão de voz e de imagem pela internet de forma extremamente barata e eficiente.

Pelo que vimos, pode haver o risco de ficarmos deslumbrados pelo fascínio dos processos e mecanismos eletrônicos, que, embora fascinantes e cada vez mais sofisticados, não devem ser considerados a solução integral dos meios de comunicação, sob pena de perdermos alguns elementos críticos que só podem ser conseguidos por meio da comunicação face a face.

Comunicação face a face com as partes interessadas

Segundo Mehrabian (1968), apenas 7% da comunicação são transmitidos por palavras, pois o restante ocorre por meio de entonação, gestos e mensagens não verbais. Na conversação face a face existem muitos recursos a serem explorados, como as reações da outra parte, seus gestos de dúvida e concordância, suas interrupções e perguntas imediatas, e todo um gestual físico, altamente esclarecedor, de tensão, relaxamento, interesse, sinceridade e envolvimento. As oportunidades mais frequentes de comunicação face a face com as partes interessadas ocorrem normalmente nas apresentações e reuniões do projeto. Abordaremos, neste capítulo, tanto as técnicas envolvidas na preparação e no desenvolvimento de apresentações quanto as utilizadas no planejamento e realização das reuniões, as mais frequentes ferramentas de relacionamento com as partes interessadas e que, pelo seu poder de comunicação bidirecional, podem ser absolutamente críticas para a eficácia da comunicação. Por outro lado, todos os cuidados com seu uso devem ser tomados, para que as reuniões não se transformem em mecanismos de perda de produtividade, desmotivação e falhas na disseminação de informações.

Apresentações

Ponha-se no lugar de um engenheiro visitante ou de um investidor, e tente imaginar o que gostaria de ouvir na apresentação que tanto aguarda sobre o andamento do projeto. A ótica em relação à apresentação muda do plano operacional e técnico, no caso dos engenheiros visitantes, para o plano gerencial e estratégico, no caso dos investidores. E a apresentação deve acompanhar essa guinada. Aquela palestra do mês anterior, quando outros engenheiros visitaram o projeto e ouviram explicações sobre o andamento do mesmo, terá de sofrer grandes modificações. Naquela hora foram enfatizados detalhes do projeto e sua construção, com apresentação de cálculos, plantas, soluções de engenharia e montagem final. Para o investidor, é melhor lembrar os objetivos definidos no início, controles utilizados para garantir qualidade na construção, acompanhamento de custos, entregas no prazo e, sobretudo, resultados financeiros. Além disso, é importante apontar as oportunidades que se abrem para a empresa, cuja equipe ganhará *know-how* nesse tipo de empreendimento.

Audiências e públicos

O plano de comunicações de um projeto estabelece como cada parte interessada deve receber as informações que lhe cabem, com conteúdo, abrangência, formato, periodicidade e mídia apropriados. Equipes de campo, engenheiros, fornecedores e investidores formam públicos distintos uns dos outros, e as apresentações devem ser adequadas a cada um deles.

De maneira geral, procure conhecer seu público com antecedência, verificando:

- quem é meu público, quem estará presente;
- com que objetivo assistirá à apresentação;
- qual o seu conhecimento prévio do assunto (*background*);
- qual a experiência profissional das pessoas presentes;
- o que essas pessoas farão com as informações recebidas.

Um bom planejamento, apesar de condição necessária para o sucesso de uma atividade de comunicação em público, precisa ser complementado por habilidades pessoais do apresentador que muito influenciarão nos resultados obtidos.

Melhorando sua habilidade de falar em público

Teóricos do processo de comunicação dizem que há uma barreira entre cada apresentador e sua audiência, a chamada barreira da comunicação. Ela é composta de atitudes, linguajar, enfoque, comportamento, emoções, forma de se vestir e outros fatores que tendem a alterar características das ideias apresentadas. O objetivo de cada apresentador deve ser diminuir e superar a barreira, dando atenção e dirigindo olhares a todos, respondendo perguntas, mantendo o público atento e interessado durante todo o tempo.

O bom apresentador aprende a dominar suas ações e atitudes diante do público. Ele está sendo observado, e sua capacidade de envolvimento deve ser forte. Poucos têm o dom de se dirigir a um auditório contando apenas com seu talento nato, mas isso em absoluto significa que só esses privilegiados possam falar em público. Todos podem superar dificuldades, tornando-se excelentes apresentadores.

O que fazer? Grave trechos de suas apresentações ou ensaios. Verifique seus erros, confira a entonação da voz, seus cacoetes e vícios de linguagem, e repita, tentando superar os erros. Peça a alguém que o conheça bem para que aponte suas falhas nas gravações, e refaça-as com as correções sugeridas. Não é possível gravar? Ainda assim, ensaie bastante. Ninguém corre uma maratona sem antes ter realizado um programa de condicionamento, ou seja, sem ter treinado. Nas apresentações ocorre o mesmo, e não confie apenas na sua capacidade e charme pessoais, ou no seu completo domínio técnico do assunto. Mas jamais se acanhe ou se julgue incapaz: o treino repetido é a maior garantia de bons resultados.

Durante a apresentação

Na introdução, convide os ouvintes para que prestem atenção à mensagem que vai ser apresentada, e, para despertar e cativar o interesse deles:

- apresente-se, expondo os motivos da escolha daquele tema; transmita aos espectadores o seu interesse pelo mesmo, revele o que o habilita a falar sobre ele, quais os objetivos do trabalho e o que a plateia ganhará por ouvi-lo;

- determine quais são os pontos principais da apresentação;
- esquematize quanto tempo vai durar a apresentação, que metodologia você vai adotar, quais os recursos que vai usar e se há espaço para perguntas;
- destaque os assuntos mais importantes;
- formule perguntas para serem respondidas durante a explanação;
- conte uma pequena parábola, uma história, ou inicie com uma citação;
- faça a ligação do tema com o interesse das pessoas da plateia.

O desenvolvimento é o momento de apresentar os argumentos mais sólidos, os indicadores medidos, os resultados alcançados, e de se fazer uma projeção de tendências que darão veracidade e credibilidade às ideias que estão sendo expostas.

Na conclusão, o apresentador sintetiza e resume com precisão e ênfase os temas que foram apresentados durante o desenvolvimento. Não repita, destaque os principais pontos. Reforce os próximos passos e projete perspectivas. Quanto maior for a relação entre o que foi falado e o que pode vir a acontecer, maiores serão as chances de a audiência entender e aceitar ou aprovar o que foi apresentado.

Procure ser breve em suas conclusões. O assunto já foi dissecado em partes, esclarecido em minúcias e exposto em detalhes. Use o máximo possível dos recursos e das técnicas que a comunicação oferece para deixar a conclusão marcante. Seja enérgico, breve e ritmado. Procure demonstrar ao seu público que os dados e os raciocínios apresentados são coerentes e sensatos.

Outras dicas que ajudam durante a apresentação:

- seja firme e positivo;
- trabalhe seus pontos fortes e não seus pontos fracos;

- respeite o tempo da audiência;
- siga o roteiro que foi preparado e ensaiado, e evite o excesso de improvisos;
- responda a todas as perguntas feitas, mesmo que alguma das respostas seja "não sei";
- finalize fazendo um resumo do exposto e com uma mensagem marcante;
- lembre-se sempre de que a preparação compensa a falta de talento.

Quanto à linguagem, abuse das palavras e expressões que resumem, definem e concluem, como: *em suma, em definitivo, logo, portanto, por fim, concluindo, para encerrar* etc. Use uma frase sugestiva para deixar a sua mensagem lembrada de maneira positiva.

O encerramento é o instante em que os ouvintes solidificam as imagens que você transmitiu. E lembre-se: quando disser à plateia que está finalizando a apresentação, conclua mesmo.

Resumindo: quando você apresenta ideias, o objetivo é oferecer algo a alguém, é dar um presente. Na introdução você começa a entregar o presente e a despertar na audiência a curiosidade sobre o que trouxe. Durante o desenvolvimento você expõe as ideias. E a conclusão é o acabamento, quando os participantes pegam o presente que receberam, envolvem-no na última ideia e o levam com eles para utilizá-lo da melhor maneira, no momento da ação.

Para complementar as condições ideais da sua apresentação, considere também a necessidade de usar ferramentas adequadas para garantir a qualidade e assegurar o entendimento da mensagem que está sendo transmitida.

Usando recursos audiovisuais

O maior cuidado a ser observado é tratar os recursos audiovisuais como meios e não fins; portanto, não abuse desses recursos. Em caso de dúvida sobre o que e como usar, consulte um especialista em comunicação, fale com o pessoal de treinamento da sua empresa ou procure ler sobre o assunto. Opte sempre pela simplicidade e não use aquilo que não conhece ou não manuseia com conforto.

Uma lista resumida de recursos disponíveis inclui:

- quadro branco — geralmente magnetizado, no qual se escreve utilizando pincéis especiais de várias cores que, sendo de boa qualidade, apagam sem praticamente deixar resíduos. Cuidado para não usar pincéis atômicos, pois mancham o quadro e sua tinta é difícil de remover. Uma desvantagem do quadro branco é refletir luz, não servindo para uso simultâneo com projetores. Uma versão digital, mais sofisticada, permite que seja impressa uma cópia do que foi escrito no mesmo, permitindo o registro instantâneo dos dados e a reutilização imediata de sua superfície para novas anotações;
- *flipchart* — é um bloco grande de papel montado num cavalete. Em geral utiliza-se pincel atômico em cores para escrever, e tem como vantagem a portabilidade e a possibilidade de se voltar atrás para referências, pois o que foi escrito permanece nas folhas já utilizadas. Como no caso do quadro branco, se a caligrafia do apresentador não for boa, a compreensão será prejudicada;
- retroprojetor e transparências — equipamento ótico e elétrico que projeta imagens impressas ou escritas em folhas de material transparente (transparências). Nelas, escreve-se com canetas especiais coloridas ou reproduz-se textos e figuras, a partir de originais, com auxílio de impressoras de computador ou máquinas copiadoras. É pouco usado hoje em dia e necessita de tela de projeção se a parede não for apropriada;
- *slides* — obtidos por meio de fotografias feitas com filme próprio. São de grande impacto, mas requerem prepara-

ção prévia, projetor especial e ambiente escurecido para a projeção;

- DVDs e videocassetes — exibem filmes de produção cara, sendo a maioria importada e dublada. Têm a vantagem de apresentar cenas reais. Exigem ambiente mais escurecido para melhor projeção. Produções caseiras ou não profissionais podem ser feitas com uma câmera de vídeo ou equipamentos digitais similares;
- computadores e canhões de projeção (*datashow*) — permitem o uso de grandes arquivos de dados e imagens, e os recursos de software disponíveis para preparação de apresentações acrescentam forma, cor e movimento das mais variadas maneiras. É o recurso de custo mais elevado entre os citados, mas sua eficácia e possibilidades tornam seu uso cada vez mais difundido hoje em dia.

O uso de recursos audiovisuais deve ser tal que sua apresentação e seus pontos de vista sejam suficientemente claros e incisivos, capazes de ilustrar, esclarecer, ensinar ou até influir em decisão a ser tomada. Às vezes, uma decisão que alguém não se sente confortável para tomar, por causa da tecnologia envolvida ou detalhes que são desconhecidos ou pouco esclarecidos, pode ser compreendida e aprovada se apresentada e justificada com apoio de recursos audiovisuais bem-preparados.

Uso de gráficos e ilustrações

Diz o antigo ditado que "uma imagem equivale a mil palavras". De fato, a conversão de números, dados, relações e fluxos de trabalho em símbolos gráficos e facilmente compreensíveis cria um excelente suporte para palestras, entrevistas e apresentações de modo geral. Existem diversos tipos de gráficos, como barras, colunas, curvas, diagramas, setores e outros.

Dependendo da situação, assunto ou ênfase que se queira dar, sempre existe um gráfico mais adequado.

Tente explicar oralmente a alguém recém-admitido na equipe do projeto o relacionamento entre seu departamento, divisões e setores, assim como quem ocupa as respectivas chefias dessas unidades. Que tal? A mensagem ficou clara e foi entendida? Agora, utilize um organograma, escrevendo em cada quadro o nome da unidade e, ao lado, o do respectivo titular. Que diferença! Não foi preciso explicar os relacionamentos hierárquicos, nem que unidade tem mais ou menos áreas subordinadas. Pegue um problema de atraso de prazo e explique que atividades serão aceleradas para compensá-lo e entregar o projeto no prazo. O uso de gráficos e ilustrações poupará muitas palavras.

Ilustrações e gráficos são um poderoso apoio na apresentação de ideias. Seu uso incorreto pode invalidar o melhor dos argumentos e comprometer uma apresentação, mas, se bem usados, de maneira objetiva, direta e esclarecedora, certamente tornam as apresentações bem-sucedidas.

Reuniões em projetos

Uma reunião é um encontro entre pessoas, organizado e dirigido segundo regras de participação conhecidas por todos, e que visa, por meio de troca de ideias e opiniões, coletar subsídios, apresentar ideias, definir novos métodos ou propor soluções para problemas, para que se formulem alternativas e se tomem decisões a respeito desses problemas.

Com que objetivos são feitas reuniões em projetos?

- integração das pessoas para formar uma equipe de trabalho;
- estabelecimento e classificação do que é causa e do que é efeito, ajudando assim a definição mais precisa dos problemas e identificação de caminhos que levam à sua solução;

- partida, acompanhamento e finalização de projetos, com a análise de todas as contribuições dadas e avaliação dos resultados.

Numa reunião, os participantes são submetidos a estímulos coletivos, sendo chamados a toda hora para participar, opinar, debater e agir. Emitem conceitos e opiniões e ouvem ideias dos outros, participam de um ambiente de troca de experiências extremamente fértil e propício ao bom andamento do projeto.

Uma reunião é composta por três fases:

- fase I — planejamento;
- fase II — realização;
- fase III — acompanhamento.

Na fase I questiona-se a realização da reunião e, sendo realmente necessária, ela é preparada e planejada para que atinja os resultados pretendidos. Para a fase I funcionar é preciso:

- estabelecer objetivos;
- selecionar os tópicos a serem discutidos;
- escolher os participantes;
- planejar e divulgar a agenda de convocação;
- preparar-se para a reunião.

Na fase II acontece a reunião propriamente dita, que obedece à preparação feita na fase I e deve ser conduzida com objetividade e firmeza, para que sejam alcançados os resultados pretendidos. Aqui é importante definir:

- quem conduz a reunião;
- quais os outros papéis na reunião;
- processo de realização;
- critérios de participação e tomada de decisão;
- confecção da ata e atribuição de responsabilidades;
- responsabilidades para a fase III.

Na fase III é verificado o andamento das decisões tomadas e são feitas as correções julgadas necessárias. Devem acontecer nessa fase:

- o acompanhamento das decisões tomadas na fase II;
- a comunicação e correção de desvios relatados ou verificados;
- a avaliação da necessidade de nova reunião.

Uma reunião pode ser uma boa ideia quando:

- há necessidade de uma resposta rápida de várias pessoas sobre um determinado assunto;
- existem problemas ou questões a serem esclarecidas, compartilhadas, expostas ou resolvidas com os demais participantes;
- deseja-se envolver o grupo na tomada de decisão, reconciliação de situações de conflito ou na busca de consenso;
- deseja-se trocar informações e experiências com o grupo;
- pretende-se analisar, avaliar e resolver problemas que envolvam pessoas de áreas ou empresas distintas;
- existem exigências legais a serem implantadas.

Por outro lado, não é conveniente realizar uma reunião quando:

- outra forma de comunicação se mostrar mais rápida ou adequada, como telefone, e-mail ou um papo no corredor;
- o grupo não houver se preparado adequadamente para a reunião, seja por falta de tempo, atraso na comunicação, escassez de dados ou fatos semelhantes;
- não puderem estar presentes as pessoas que realmente tomarão decisões sobre os assuntos a discutir;
- existirem posições irreconciliáveis já conhecidas de antemão, o que pode gerar agressividade, hostilidade e ausência de resultados concretos;

- as decisões já tiverem sido tomadas e o grupo não souber disso ou, simplesmente, quando o assunto for ato trivial que não mereça que se gaste tempo com ele.

É bom lembrar que nem sempre as reuniões ocorrem dentro dos padrões recomendáveis, mas podem ser consideradas eficazes se gerarem resultados. É possível também que, em situações de crise, de pressão externa forte ou de mudanças de regras ou especificações, o número de reuniões aumente consideravelmente. Cuidado nessas horas, para não se perder num emaranhado de reuniões.

Em projetos ocorrem reuniões em momentos determinados, associadas ao seu ciclo de vida. Entre as mais importantes podem-se citar:

- reunião de partida (*kick-off meeting*);
- reunião de acompanhamento (*follow-up meeting*);
- reuniões para registro e acompanhamento de problemas;
- reuniões para registro de lições aprendidas;
- reuniões para registro e acompanhamento de mudanças;
- reuniões para registro e acompanhamento de ações corretivas e preventivas;
- reunião de encerramento ou de entrega do projeto (*close out meeting*).

As reuniões de partida e entrega ocorrem uma única vez, no início e término do projeto. Elas formalizam o início e o fim do envolvimento do gerente e sua equipe naquele projeto e tratam, respectivamente, de como o projeto será realizado e dos resultados obtidos.

Podem ocorrer solenidades, como lançamentos, festas e inaugurações, mas são reuniões diferentes daquelas mais específicas e ligadas ao gerenciamento de projetos.

Reunião de partida (kick-off meeting)

A reunião de partida formaliza e dá início de fato ao projeto, e se justifica pelos seguintes motivos: impõe o planejamento no início do ciclo de vida do projeto, ajuda na formação de consenso, estimula engajamento e integração da equipe e ajuda a quebrar a inércia que sempre ocorre no começo do projeto.

Geralmente obedece às características de uma reunião normal, podendo, em projetos de grande porte, se transformar num seminário de partida.

Normalmente realiza-se um primeiro encontro com a equipe interna, para se abordar aspectos mais técnicos de integração, comunicação e funcionamento durante o projeto, e uma reunião formal com partes interessadas para tratar de apoio, formas de acompanhamento e registro durante o projeto, além dos prazos de entrega. Nessa reunião discutem-se um resumo dos principais assuntos relacionados ao planejamento gerencial e um plano geral do projeto, a gestão do contrato em si, estratégias e instrumentos, além de medidas de curto prazo para que o projeto se inicie de fato.

Reunião de acompanhamento (follow-up meeting)

As reuniões de acompanhamento são usadas para acompanhar e verificar o andamento do projeto, e ocorrem periodicamente, com a frequência combinada, acontecendo também reuniões de emergência sempre que um fato ou acontecimento assim o justificar.

É feito um relato quantificado do status dos principais marcos do projeto, com a apresentação de fatos e informações relevantes que permitam análise e acompanhamento do seu desenrolar, bem como de propostas de solução para problemas levantados. Avaliam-se possíveis sanções que poderão ser aplicadas caso ocorram atrasos ou imprevistos no projeto. É feita a alocação de tarefas, responsáveis e prazos para todas as medidas e decisões surgidas na reunião. Prepara-se uma ata das decisões tomadas, a ser distribuída para todos os envolvidos nas decisões — clientes e partes interessadas.

Essas reuniões devem ser longas apenas o suficiente para cumprir sua finalidade, e é importante não deixar que se transformem em reuniões mais amplas, que tratem de assuntos extraprojeto.

Reuniões para registro e acompanhamento de problemas

Durante a execução e controle dos projetos, o gerente e a equipe irão se deparar com problemas, que devem ser identificados e tratados pelos profissionais envolvidos. Geralmente os profissionais de projetos identificam e delegam a solução desses problemas durante as reuniões de acompanhamento. Estas devem ser documentadas com atas ou memórias, e podem conter itens de ação, problemas encontrados, e também novos riscos identificados e outros eventos. O registro das decisões e dos encaminhamentos resultantes das reuniões é fator extremamente importante para a comunicação do projeto. Para o registro de reunião utiliza-se um documento denominado comumente *ata de reunião* ou *memória de reunião*. No apêndice C é apresentado um modelo como exemplo de ata de reunião.

Conforme o *Guia PMBOK®* (2004), os problemas são os obstáculos que podem impedir que a equipe atinja as suas metas, e podem incluir diferenças de opinião, situações a serem investigadas e responsabilidades novas ou inesperadas que devam ser atribuídas a alguém da equipe.

Como prática usual, os problemas e seus destinatários são documentados em atas de reunião. Entretanto, essa prática não é suficiente, uma vez que a equipe pode perder o controle dos muitos problemas encontrados durante o projeto e do seu andamento e soluções encontradas, pois a cada reunião é gerada uma nova ata.

Para o registro e acompanhamento dos problemas, uma boa prática é a adoção de um *log* de problemas, conforme o modelo apresentado como exemplo no apêndice D.

A adoção do *log* não só permitirá um controle unificado dos problemas enfrentados pelo projeto e seus status, mas também servirá como base para a seção das lições aprendidas.

Reuniões para registro de lições aprendidas

Segundo Weber (2001), a mais completa definição de lições aprendidas foi formulada por Secchi (1999), e é usada pelas agências espaciais americana, europeia e japonesa:

> uma lição aprendida é o conhecimento ou entendimento obtido por experiência. A experiência pode ser positiva, como um teste ou missão de sucesso ou negativa, como uma falha ou percalço ou infortúnio. Sucessos são também considerados fontes de lições aprendidas. Uma lição precisa ser significante e ter um impacto real ou assumido nas operações; deve ser válida e tecnicamente correta e aplicável em determinado e específico processo, desenho ou decisão que reduzirá ou eliminará erros ou infortúnios potenciais ou irá aumentar um resultado positivo.

Ainda de acordo com os autores, essa definição deixa clara a necessidade de critérios necessários ao reúso das lições e como ele deveria ter foco nos processos que a lição pode impactar.

De acordo com o *Guia PMBOK®* (2004:367), "lições aprendidas se referem à aprendizagem obtida no processo de realização do projeto. Também podem ser consideradas um registro do projeto, que será incluído na base de conhecimento de lições aprendidas. As lições aprendidas podem ser identificadas a qualquer momento".

As lições aprendidas devem ser capturadas e registradas para uso futuro, em situações similares, para tomada de decisão ou execução de atividades do projeto. As empresas devem propiciar não só a reflexão sobre as lições aprendidas e seu registro, mas também a guarda sistematizada que permita recuperação posterior para uso compartilhado dessa base de conhecimento.

Um modelo de formulário para registro de lições aprendidas é apresentado no apêndice E.

Reuniões para registro e acompanhamento de mudanças

Os projetos não estão livres de mudanças durante a sua execução. Os pedidos de mudança devem ser, na medida do possível, formalizados e registrados em instrumentos apropriados de solicitação de mudanças. As mudanças serão analisadas quanto ao impacto no projeto e submetidas a um comitê de gestão de mudanças.

A equipe do projeto deve fazer o registro das solicitações das mudanças e do resultado da análise. Algumas empresas optam por ter um formulário de solicitação e outro para avaliação de impactos e aprovações. No modelo apresentado no apêndice F, o documento é único para solicitação da mudança, registro dos impactos da mudança e resultado da aprovação ou não pelo comitê, o que reduz a propagação de formulários e facilita o rastreamento das mudanças.

Assim como no caso de gestão dos problemas, é uma boa prática que se tenha um consolidado das mudanças solicitadas no projeto e respectivos status, conforme modelo apresentado no apêndice G.

O exemplo apresentado refere-se a mudanças específicas de requisitos de produtos do projeto, e trata-se de um instrumento de gerenciamento de configuração. As características, funcionalidades ou requisitos do produto podem ser alterados pela criação de novos requisitos não previstos, pela alteração de requisitos existentes ou pela exclusão de requisitos. O controle de versões pode ser muito útil em projetos de desenvolvimento de software, de equipamentos, maquinário, automóveis e outros. O *log* pode ser estendido para contemplar todos os requisitos do produto e o histórico das mudanças, para facilitar e subsidiar os processos de realização de testes de aceitação e de revisões de qualidade (atendimento ao especificado).

Reuniões para registro e acompanhamento de ações corretivas e preventivas

Durante o controle e monitoramento, várias ações corretivas e preventivas são tomadas para corrigir desvios do projeto em relação ao planejado, ou para evitar desvios e problemas com prazos, escopo, custos, recursos humanos, qualidade, riscos e aquisições.

As ações corretivas ou preventivas serão documentadas nas atas de reuniões ou em formulário à parte, podendo ser utilizado também um instrumento que consolide todas as ações, no formato similar ao *log* de problemas, ou até mesmo pode-se utilizar um único formulário denominado *log* de problemas e ações corretivas/preventivas.

Reunião de encerramento ou de entrega do projeto (close out meeting)

A reunião de encerramento ou de entrega caracteriza e formaliza o fim do projeto e todo o envolvimento do gerente e sua equipe com o mesmo. Assim, ao seu final, o projeto é considerado entregue e funcionando a contento.

Deve ser uma reunião formal, com a presença do cliente, partes interessadas mais envolvidas (como financiadores, patrocinadores e outros), gerente do projeto e representantes da equipe. Nessa reunião será feita uma descrição resumida do projeto, desde seu início até sua finalização, a síntese das fases e marcos principais e a caracterização do cumprimento de tudo que ficou acertado e aceito pelo cliente em cada fase. Será feita, então, a certificação de que o projeto, estando entregue, cumpre todos os requisitos acordados ao início, ou modificados e redimensionados pelas partes ao longo dos trabalhos. Realizam-se, também, a prestação de contas e outras providências administrativas de encerramento.

Procede-se então à assinatura, pelas partes, de um termo de finalização e aceite do projeto e à entrega formal dos produtos decorrentes de sua realização. Após essa reunião o projeto está encerrado.

Recomendações para obter melhores resultados em reuniões

Estas recomendações podem melhorar suas reuniões:

- prepare sempre uma agenda com os assuntos a serem discutidos e a distribua aos participantes com antecedência. Mesmo que ela vá ser divulgada oralmente por falta de tempo, não deixe de prepará-la;
- inicie e termine as reuniões na hora combinada, penalizando quem se atrasa e não quem chega na hora correta;
- não aceite interrupções externas ou, na impossibilidade real disso, faça com que elas sejam breves e em número mínimo de vezes;
- chame as pessoas pelo nome, para criar um clima de descontração;

- estabeleça, no início, um tempo máximo para cada um falar e lembre que todos devem se disciplinar quanto a isso quando estiverem com a palavra;
- em reuniões mais longas, faça um intervalo de 10 a 20 minutos no meio do período, permitindo assim que os participantes se levantem, saiam da sala, usem o telefone, tomem café ou resolvam qualquer assunto pendente;
- as pessoas são diferentes e se manifestam a partir de contextos, pontos de vista e interesses distintos. Compreender isso é importante para entender o comportamento de cada um nas reuniões;
- jamais ironize uma situação, zombe de alguém ou desqualifique qualquer participante. É importante lembrar sempre que a boa educação e o respeito para com as pessoas vêm em primeiro lugar;
- peça para que alguém prepare a ata da reunião enquanto ela está sendo realizada. Atas redigidas depois das reuniões são, por vezes, contestadas. O segredo é lê-las antes do final da reunião, pois isso torna mais fácil obter a concordância dos participantes com o que foi escrito;
- use recursos audiovisuais para organizar, esclarecer e reforçar suas ideias, como canhão de projeção e computador, vídeos, CDs, DVDs, *slides*, filmes, *flipchart*, internet ou intranet e TV executiva.

No apêndice B apresentamos um exemplo de modelo para agenda (convocação) de reunião.

Além do acompanhamento da performance do projeto, por meio da avaliação de dados internos e externos e do monitoramento das partes interessadas (*stakeholders*), é necessário avaliarmos o desempenho do próprio plano de comunicação durante a sua implementação, para que possamos mantê-lo atualizado, adequando-o às necessidades do projeto enquanto durar a execução de suas atividades.

Encerramento e documentação final de projetos

Ainda que possa estar previsto no plano de comunicação, o processo de encerramento de um projeto — ou mesmo de uma de suas fases importantes —, que compreende o fechamento da execução de todas as atividades que contribuíram para a obtenção do produto final do projeto, é com frequência negligenciado, com consequências negativas que só são percebidas a médio e longo prazos. As razões para a ocorrência desse fato são, até certo ponto, explicáveis. Logo que os responsáveis pelos recursos alocados ao projeto percebem que as atividades estão sendo concluídas, procuram realocá-los, o mais rapidamente possível, às suas áreas funcionais de origem ou a outros projetos, devido à constante escassez de recursos. Os prejuízos de tal posicionamento, tanto para o projeto em si quanto, principalmente, para a organização como um todo, podem ser bastante significativos, visto que existem aspectos relevantes que justificam a execução cuidadosa e completa do processo de encerramento, que não pode prescindir, para uma execução adequada, da presença de uma boa percentagem dos componentes da equipe do projeto.

O encerramento das fases e dos projetos deve ter uma formalização acompanhada de documentação que respalde a aceitação de seus produtos. Alguns instrumentos podem ser utilizados para formalização desses eventos de finalização, tais como termo de entrega de produto para avaliação, plano de testes de homologação e termo de homologação e aceitação.

Ao aceitar a conclusão de uma fase ou a entrega de um produto, o cliente ou usuário muitas vezes realiza uma série de testes no produto para, efetivamente, dá-lo por aceito. Esse plano de testes deve ser providenciado pela equipe do projeto e deve contemplar os critérios ou requisitos previamente acordados entre as partes e definir os resultados esperados. O plano de testes deve, ainda, contemplar campos para registro dos resultados alcançados e outras observações.

Caso o produto do projeto não necessite de um processo de homologação de requisitos, poderá ser utilizado apenas um termo de aceitação onde estejam explicitados os critérios de aceitação dos produtos e os resultados alcançados. Um produto pode ser aceito mesmo que com ressalvas ou pendências a serem providenciadas posteriormente. Assim, com a aceitação desse produto, pode-se dar seguimento às atividades que sucedem a essa fase ou atividade. Muitas vezes a aceitação de fases ou de produtos está atrelada ao pagamento de parcelas do projeto.

Um exemplo de modelo de termo de homologação e aceite pode ser encontrado no apêndice H.

Além das aceitações de cada fase ou produto, é uma boa prática de gerenciamento o uso de uma aceitação final do projeto, que permitirá a conclusão final e encerramento dos contratos e marcará o início do prazo de garantia e manutenção, quando for o caso. O encerramento do projeto também é um bom momento para que a equipe faça:

- avaliação dos subcontratados, por meio de um processo formal de avaliação seguindo critérios previamente definidos e sistematizados em um formulário;
- avaliação da equipe do projeto, podendo ser 360°, incluindo avaliação feita pelos clientes e usuários, gerente de projeto e patrocinador, a respeito do trabalho do gerente e da equipe (coletiva e individualmente);
- atestado ou declaração de referência — ao final do projeto o cliente pode assinar uma carta de referência da empresa, manifestando a sua satisfação;
- análise das lições aprendidas — utilizando uma seção coletiva com a equipe do projeto e avaliando as lições aprendidas durante o projeto;

- relatório final do projeto — nele será feito um sumário do projeto e dos seus resultados, o que será útil para a formalização do encerramento e, também, para a construção de base de dados histórica da empresa. O apêndice I apresenta, como ilustração, um exemplo de modelo de relatório final.

Analisamos, neste capítulo os mecanismos mais frequentemente utilizados durante a fase de execução do projeto para a efetivação da distribuição das informações, conforme tenham sido escolhidos no plano de comunicação. Levamos em consideração tanto as ferramentas tecnológicas quanto as presenciais (face a face) que devem ser empregadas conforme as condições requeridas pelo projeto e as partes interessadas. No próximo capítulo debateremos as condições especiais que precisam ser consideradas pelo gerente de projeto para uma maior eficácia no atendimento às necessidades das partes interessadas.

5

Gerenciar as partes interessadas

Dado que estamos realizando, ao longo do projeto, uma distribuição de informações conforme um plano de comunicação predefinido, necessitamos monitorar se, com este processo, estamos atendendo convenientemente às necessidades dos interessados. Discutiremos, neste capítulo, dois importantes mecanismos utilizados no relacionamento com as partes interessadas e que constituirão o controle da efetividade de nossa comunicação durante o projeto. No primeiro item debateremos as questões interpessoais envolvidas neste relacionamento, que exigirão esforço e capacitação especiais do gerente de projeto.

No segundo item veremos como deve e precisa ser feita a atualização do plano de comunicação, processo fundamental para mantermos as informações permanentemente ajustadas aos requisitos das partes interessadas.

Gerenciamento das expectativas das partes interessadas

Gerenciar projetos está relacionado a atingir expectativas. Para isso precisamos entender, inicialmente, a importância de conseguirmos conhecer, gerar e manter expectativas de todas as partes interessadas (a equipe, os envolvidos e os impactados por ele) claras e alinhadas com os objetivos previamente definidos para o projeto. Este ponto é fundamental para que todos estejam em condições de trabalhar e se comportar numa direção e propósito comuns, os quais sejam mutuamente entendidos e acordados. Quando isso acontece, as partes interessadas também são capazes de avaliar e reportar quando o projeto está alcançando o que é esperado dele. As partes interessadas devem ter, ainda, uma percepção clara de como estarão o negócio, a instituição e sua própria função quando o projeto for concluído. Esta visão comum deve ser estabelecida pelo patrocinador com as partes interessadas o mais cedo possível no ciclo do projeto e, a partir daí, deve ser monitorada pelo gerente como parte do gerenciamento da comunicação.

É fundamental que saibamos se estamos lidando com uma expectativa ou um requisito. Uma expectativa é uma perspectiva bem-direcionada que um cliente, fornecedor, membro do time do projeto ou qualquer outra pessoa pode ter. O ideal é que pudéssemos conhecer e documentar expectativas como requisitos formais. Isto, apesar de não ser impossível, é bastante difícil porque somente descobri-las já é um desafio, devido a inúmeras razões como: preocupações políticas, falta de tempo, falhas de organização, deficiência de foco estratégico, pensamento sectário (em silos) e assim por diante. Todavia, ainda que elas sejam identificadas, a dificuldade passa a ser obter as definições formais dos requisitos que atendem a estes desejos, de forma que possamos tomar as decisões apropriadas.

Outra questão-chave é que as expectativas podem correr em várias direções e estar em vários lugares, pois qualquer parte interessada pode ter uma expectativa.

O ideal seria que o time do projeto conseguisse documentar todas as expectativas como requisitos potenciais, e trabalhasse com as várias partes interessadas para priorizá-las e identificar como poderiam ser incluídas no produto final do projeto, criando-se, daí, um verdadeiro processo de gerenciamento das expectativas. Apesar de complexo, isso pode e deve ser feito, ainda que não consigamos realizá-lo em sua totalidade.

Um dos problemas comuns é que, na medida em que passa o tempo e outros eventos vão ocorrendo, as conversas, esquecimentos, novas ideias e tudo o mais que ocorre ao longo da execução do projeto mudam as expectativas de maneira imprevisível. Quando isso ocorre, as expectativas das partes interessadas se desviam dos requisitos documentados pelo time do projeto. Sem um gerenciamento ativo de todo o time por meio de uma comunicação efetiva que quebre essa barreira de entendimento, o grau dessas variações será crescente e o alinhamento do projeto com as expectativas ficará gravemente prejudicado.

Esta tarefa exigirá, além do esforço, o uso de ferramentas e técnicas apropriadas para sua realização. Algumas dessas habilidades estão descritas no capítulo 4, na seção "Comunicação face a face com as partes interessadas". Outras capacidades adicionais, entretanto, precisam ser desenvolvidas e utilizadas, entre elas:

- como definir a natureza das expectativas das partes interessadas;
- como entender o impacto das expectativas não conhecidas/escondidas e como descobri-las;
- como ouvir os desejos e crenças das partes interessadas;
- o que fazer quando as expectativas não estão alinhadas com o plano do projeto;
- o que fazer quando as expectativas não são realistas.

Um bom gerente de projeto, entendendo suas responsabilidades com as partes interessadas, deve ir mais além e construir um bom relacionamento por meio de uma rede que estabeleça um *feedback* informal, mais sincero e emocional do que o obtido nos relatórios escritos ou do que aquilo que é reportado nas reuniões. Isto irá proporcionar ao gerente dados valiosos, que o auxiliarão a conduzir o projeto de maneira mais efetiva e harmoniosa, bem como será de especial ajuda para enfrentar as mudanças e tomadas de decisão dentro da organização.

Isto requer habilidades de diplomacia e solução de problemas, possibilitando caminhar pelos corredores obtendo consenso em questões críticas antes mesmo da realização das reuniões. Canais informais de comunicação são, portanto, poderosos mecanismos para realizar o sucesso de um projeto, e sua utilização é crítica e valiosa.

Comunicar sempre os fatos verdadeiros, independentemente de serem boas ou más notícias, também assegura a disseminação de um conhecimento mais completo através da organização, evitando a frequente circulação de boatos e informações distorcidas.

Devemos estar, entretanto, preparados para vários desafios nesta área. Existem, com frequência, indivíduos com uma séria incapacidade de ouvir corretamente o que pretendemos comunicar. Entendem de forma muito diferente (e, muitas vezes, exatamente ao contrário) o que queríamos informar. Comunicamos que o projeto está fora do prazo e acima do orçamento, e eles escutam que tudo está perfeitamente em ordem. Não acontece somente com clientes, mas é comum com qualquer parte interessada.

Há, também, os que costumam acreditar em mágica e, apesar de concordarem com a ideia de que nada deve ser feito fora do escopo do projeto sem que seja submetido a um processo de controle de mudanças, eles esperam, no final, que vários itens adicionais estejam incluídos.

Todavia, antes de concluir que isto é uma loucura, devemos analisar se o problema está somente na parte interessada ou se é um problema de gerenciamento de projeto.

Outro perfil frequente, e de difícil tratamento, é o dos que dizem a todos que está tudo bem, ao mesmo tempo que as rodas do carro estão caindo. Visto que não recebem a resposta que gostariam de ouvir, acham que podem dizer qualquer coisa. De qualquer forma, talvez o problema esteja no gerente, que não lhes dá o que desejam e, portanto, este pode ser um problema de gerenciamento de projeto.

Às vezes caímos no hábito cultural comum de que não podemos dar más notícias aos clientes, tais como atrasos, problemas, sobrecargas etc. Será que existe uma lógica nisto, segundo a qual o problema vai desaparecer se não falarmos dele para ninguém?

A natureza abomina o vácuo, e igualmente o fazem as partes interessadas. Se não lhes damos informações aprazadas e significantes, elas irão fazer suposições. Algumas não vivem o dia a dia do projeto, de forma que não podem reconhecer os sinais de alerta de problemas, nem sabem as perguntas necessárias para identificar a situação real. Cabe, então, aos gerentes ajudá-las a ter os dados corretos e interpretá-los de tal maneira que entendam seu impacto.

Que podemos falar, também, das pessoas que concordam com uma coisa, mas parecem surpresas quando a recebem? Certamente elas deveriam saber que, obviamente, não iriam ter o que querem, mas sim aquilo com que concordaram em receber. Então, por que a surpresa? Seria também um problema de gerenciamento de projeto?

O escopo, planos de recursos etc. são acordados muito no início dos projetos. Quando a realidade surge, há uma tendência de mudar as coisas. Mais cedo ou mais tarde surgem necessidades de mudanças no projeto (escopo, prazos, qualidade ou uma combinação de todas). Algumas mudanças serão aprovadas, outras serão ajustadas e outras serão negadas. Não há nada de errado com este processo, mas o gerente precisa assegurar que todos estejam sabendo o que está acontecendo.

Se o gerente está se encontrando com uma parte interessada, ele deve saber como usar bem o seu tempo. Não deve perder-se em questões que não a impactem ou que estejam indo bem. Em vez disso, deve focar os aspectos de que ela precisa estar ciente e que requerem sua atenção, com observações que se traduzem em comentários como:

- aqui está o problema;
- eis onde ele vai impactá-lo;
- esta é a minha recomendação, por isso eu a escolhi sobre as outras alternativas (e aqui estão elas);
- aqui é que eu preciso de sua decisão.

Como conclusão podemos considerar que o gerenciamento das expectativas é uma parte crítica de todo o gerenciamento da comunicação, visto que nada pode ser mais desagradável do que entregarmos um projeto aparentemente "perfeito" e, então, descobrirmos que as partes interessadas estão totalmente desapontadas, pois esperavam uma coisa completamente diferente. Como gerentes de projeto, nunca devemos colocar as partes interessadas em uma posição na qual elas tenham que assumir algo ou gerar suas próprias conclusões. Devemos garantir que tenham uma percepção correta, completa e no momento certo do projeto, na medida em que façamos um trabalho preciso de gerenciamento de suas expectativas.

Atualização do plano de comunicação

O plano de comunicação, ainda que preparado com as melhores práticas disponíveis e refletindo adequadamente os requisitos de comunicação inicialmente percebidos, enfrentará os mesmos efeitos sentidos por qualquer plano, ou seja, precisará ser atualizado durante a sua implementação em função de diversos fatores, tais como:

- modificações em outras áreas do plano de gerenciamento do projeto;
- mudanças no ambiente organizacional do projeto;
- alterações no conjunto de partes interessadas (substituição, acréscimo de novas pessoas ou mudanças de responsabilidades);
- ajustes nos formatos e mídias das informações distribuídas, em função do *feedback* das partes interessadas (audiências-chave) do projeto, que apresentem solicitações de alterações ou sugestões de como podemos atender da melhor forma aos seus requisitos.

É aconselhável considerar, para o plano de comunicação, a aplicação do conceito do ciclo PDCA (*plan-do-check-act*, ou planejar-fazer-verificar-agir), desenvolvido originalmente por Shewhart (1986) e adaptado e difundido por Deming (1986) em seus trabalhos ligados ao gerenciamento de qualidade.

A figura 8 apresenta as fases desse modelo.

As fases do modelo PDCA podem ser relacionadas aos processos de gerenciamento da comunicação, conforme discutido a seguir:

- planejar — identificar as necessidades e preparar o plano;
- fazer — implementar o plano;
- verificar — analisar os resultados por meio da revisão da performance do plano e identificar lições aprendidas;
- agir — refletir sobre as conclusões da fase anterior, implementando ajustes no próprio plano de comunicação (no caso de o projeto ainda estar em execução) ou nos próximos projetos.

Figura 8
Ciclo de Shewhart/Deming

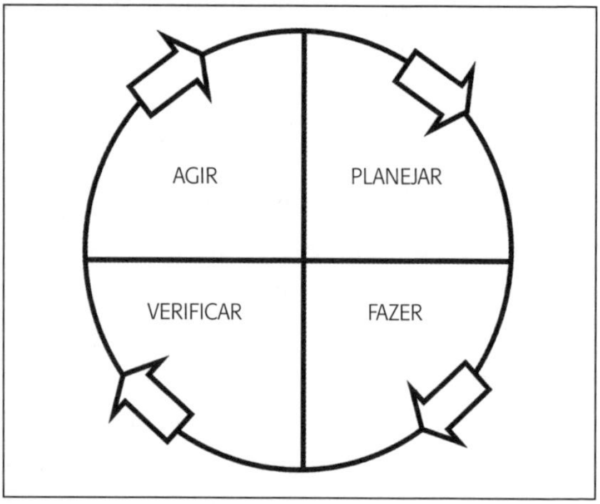

Fonte: Adaptado de Deming (1986).

Na fase 3 (verificar) avalia-se a eficácia do plano de comunicação durante a execução do projeto. A avaliação dessa performance deve ser feita usando-se o *feedback* das partes interessadas, revendo-se periodicamente, de forma verbal ou escrita, o atendimento de seus requisitos nos seguintes aspectos:

- informações ainda não fornecidas — a parte interessada não está recebendo dados que são necessários para suas responsabilidades ou interesses no projeto;
- aumento da profundidade/detalhe — as informações não chegam ao detalhamento de que a parte interessada necessita para análise;
- aumento ou diminuição da frequência — a frequência implementada não atende às expectativas da parte interessada. Se a comunicação é frequente demais, pode não ser considerada por não haver tempo hábil para análise; se é pouco frequente, a parte interessada pode sentir que não tem o controle necessário sobre o projeto;

- informações sumariadas — as informações não estão agrupadas e condensadas de forma a permitir uma visão geral do projeto. Este é um ponto especialmente crítico para pessoas de nível executivo;
- ajuste ou customização do formato — a organização e a formatação das informações não atendem aos requisitos da parte interessada, podendo gerar dificuldades de entendimento ou de acesso à informação necessária;
- informação seletiva — a parte interessada só quer receber informações "filtradas" previamente, que apresentem somente situações de exceção, tais como riscos ou problemas críticos que exijam sua avaliação e ação específica;
- método de transmissão — a mídia utilizada não atende adequadamente à parte interessada, devido a dificuldades de uso, comodidade ou processo de trabalho, exigindo um melhor ajuste às suas especificações.

A partir dos resultados dessa revisão devem ser feitos os ajustes e alterações necessários no plano de comunicação para mantermos a sua efetividade durante o restante da execução do projeto.

Neste capítulo foi visto como é possível fazer com que as informações relacionadas ao projeto sejam utilizadas de forma estruturada, contribuindo para a melhoria da qualidade e servindo como uma ferramenta efetiva de monitoramento e controle, indispensável ao trabalho de gerenciamento do projeto e da equipe. Deve-se ressaltar também que, assim, os integrantes da equipe se tornarão aptos a construir um histórico real para que sua própria organização possa utilizar-se dessas informações no planejamento e execução de futuros projetos.

6 A comunicação no controle e monitoramento do projeto

O gerenciamento das comunicações também está relacionado com o processo de controle e monitoramento do projeto por meio das ações vinculadas ao reporte do seu desempenho. Segundo o *Guia PMBOK*® (2008:216),

> os Relatórios de Desempenho são usados para distribuir informações sobre o andamento e o desempenho do projeto; devem estar disponíveis antes das reuniões do projeto e devem ter o máximo de precisão e atualização possível.
>
> Essas informações sobre o desempenho incluem o modo como os recursos estão sendo usados para atingir os objetivos do projeto. Os relatórios de desempenho devem normalmente fornecer informações sobre escopo, cronograma, custo, riscos e qualidade.

Neste capítulo analisamos as principais características dos relatórios de desempenho e mostramos como, a partir desses documentos, o projeto pode ser controlado. Em primeiro lugar, o progresso do projeto precisa ser informado para que possa ser controlado. O fato é que, só a partir de uma visão clara do comportamento das variáveis críticas do projeto, existem condições de propor mudanças e corrigir os rumos para que os objetivos possam ser alcançados. Assim, com essa finalidade são apresentados três exemplos de relatórios. O primeiro é o relatório de análise de valor agregado, muito utilizado hoje em dia em projetos de engenharia, que relaciona custo, prazo e trabalho efetivamente realizado pelo projeto. O segundo, relatório de desempenho de atendimento a produtos do projeto, confere uma estimativa da qualidade do projeto do ponto de vista do cliente. Por último, o relatório de *scorecard* do projeto faz um balanceamento das quantidades relevantes que precisam ser alcançadas para que o projeto obtenha sucesso.

Iniciamos a discussão sobre informações de progresso ou informações de desempenho mostrando como essas peças são cruciais para o gerenciamento de um projeto.

Para isso imagine um projeto, a partir de agora chamado Projeto Fictício, sendo executado sem que os participantes tenham acesso às informações principais sobre seu desenvolvimento, isto é, sem que eles tenham meios de saber que atividades estão atrasadas, quais já tinham de estar em andamento, quais foram interrompidas, quais não precisarão ser realizadas e quais já foram concluídas com êxito. Ou seja, um projeto cujas informações mais relevantes, por algum motivo inerente a ele, não são reveladas. Como consequência dessa dificuldade, imagine que o projeto esteja sendo desenvolvido sem a circulação de informações de prazo, de qualidade, financeiras e de pessoal.

Como as atividades do Projeto Fictício seriam conduzidas e como ele poderia ser gerenciado? É óbvio que, sem essas informações, a atuação de cada um dos participantes ficaria limitada. O fato é que as tarefas são interdependentes. Por isso cada membro da equipe precisa gerenciar suas próprias atividades para que não ocorram descontinuidades nem retrabalho. Isso significa que as informações a respeito do projeto são determinantes para que cada um saiba quando atuar, que métodos e técnicas deve utilizar, quais recursos estarão disponíveis e quais os impactos e riscos de uma tarefa mal-executada.

A chance de obter êxito no Projeto Fictício seria um pouco parecida com a de um jogador de pôquer, quando existem várias possibilidades para realizar um jogo, cada uma com a sua respectiva probabilidade, e a sorte é o ingrediente determinante para se conseguir um jogo de sucesso. Sem as informações de cada uma das cartas que estão em jogo, não se pode tomar decisões criteriosas sobre como controlar os resultados. Assim, o que era projeto se transforma rapidamente em um jogo de azar.

Com relação ao gerenciamento desse projeto, não existem condições básicas e elementares para que isso aconteça. Não se podem comparar os resultados das atividades com o que foi planejado antes de a execução ter sido iniciada. Não se pode avaliar o projeto para saber se está dentro do prazo, escopo e custo orçado. Na verdade, não existem os dados necessários para sugerir mudanças que precisem ser implementadas com o intuito de melhorar o desempenho do projeto e corrigir as falhas técnicas e administrativas.

Dessa forma, o sucesso do Projeto Fictício será muito mais uma questão de sorte do que resultado da adoção de práticas eficazes de gerenciamento. Para atingir os objetivos de um projeto real é imprescindível que as informações sobre o seu desempenho sejam coletadas e disseminadas, e que essas informações esclareçam como os recursos do projeto estão sendo utilizados. Entretanto, apesar de isso não ser nenhuma novidade, vários projetos fracassam por causa dessa questão. De fato, seus gerentes acreditam que basta avaliar o desempenho no final de cada uma das fases do projeto. Fazer isso é o mesmo que trabalhar no Projeto Fictício dentro de cada uma das fases.

O gerenciamento eficaz de um projeto pressupõe acesso constante às informações, avaliação sistemática do desempenho e uma metodologia para tomada de decisões que seja flexível, visando às necessidades específicas do projeto. Muitas vezes as informações de desempenho não refletem o que realmente está acontecendo com o projeto. São informações coletadas e analisadas com caráter puramente formal, a fim de cumprir burocraticamente uma etapa definida pela gerência.

São vários os motivos que levam a isso. Em primeiro lugar, o gerente do projeto ou algum outro responsável direto pelos resultados pode não querer saber das dificuldades que a equipe está enfrentando. Outro motivo bastante comum é a própria cultura da empresa, não habituada à discussão dos problemas e, em lugar disso, preocupada em evitar conflitos entre os envolvidos com o projeto. Benefícios para os membros da equipe gerados por meio dessas informações podem, também, ser responsáveis por dados não representativos e análises equivocadas a respeito do andamento do projeto.

Quando isso acontece, volta-se ao Projeto Fictício. E essa situação é ainda pior, pois mascaram-se os sintomas de uma doença que pode, a médio prazo, dependendo do projeto, transformar-se em uma doença fatal.

A maneira mais eficiente de organizar as informações relevantes para o gerenciamento do projeto é fazê-lo por meio de relatórios de controle do desempenho. Esses relatórios têm o propósito de mapear no tempo as variáveis importantes e fornecer previsões quantitativas e concretas sobre sua evolução. O segredo de um bom relatório é que ele seja elaborado com finalidades específicas, visando à sua imediata utilização. É importante frisar que a qualidade dos dados é diretamente dependente do quanto essas finalidades são explícitas e entendidas pela equipe.

Antes de iniciar o processo de criação de um relatório, é importante listar algumas perguntas cujas respostas irão servir como um guia para a sua elaboração. Por exemplo:

- qual o seu objetivo ao criar o relatório;
- que informação é requerida prioritariamente para alcançarmos o objetivo acima;
- quais os tipos de informações necessárias;
- com que frequência os dados precisam ser coletados e o relatório criado;
- qual o método que será usado na sua preparação;
- qual o método que será usado na sua distribuição;
- qual a necessidade de consolidação dos dados;
- que *feedback* formal será realizado após a avaliação do relatório;
- como esses relatórios serão integrados com outros elementos de comunicação.

Ainda com relação às informações que irão compor os relatórios de desempenho, dois assuntos são importantes. O primeiro deles é que, em alguns projetos, é crucial fornecer também informações de risco nos relatórios de progresso. Só assim pode-se quantificar o impacto dos problemas enfrentados no decorrer da execução do projeto e, com isso, estabelecer as condições para que os mesmos possam ser monitorados.

Por último, alguns relatórios podem ser baseados em exceções. Esses acontecimentos eventuais podem ser críticos e afetar uma área vital do projeto.

A seguir apresentamos três exemplos de relatórios de progresso do projeto.

Relatório de análise de valor agregado

O principal objetivo do primeiro relatório que iremos apresentar — relatório de análise de valor agregado — é responder às três perguntas mais relevantes no controle de projetos, que são:

- onde estamos com relação ao custo que foi orçado para o projeto;
- onde estamos com relação à data planejada de conclusão do projeto;
- onde estamos em relação ao trabalho que já deveria estar concluído.

Em lugar de analisar essas três questões separadamente, o que daria uma visão fragmentada da evolução físico-financeira, a análise de valor agregado integra esses três itens, fornecendo subsídios para uma avaliação completa a respeito do progresso do projeto.

Por exemplo, a resposta para a primeira pergunta remete a outras perguntas. Considere que metade do tempo planejado para a execução do projeto já se passou e que foram gastos R$ 300 mil em lugar dos R$ 200 mil previstos. Ou seja, a resposta da primeira pergunta é que se está 50% acima do orçado. O que isso significa? O que se pode concluir a respeito do desempenho do projeto? É certo afirmar que o projeto possui um saldo negativo de R$ 100 mil?

Para avaliar de forma correta o que está acontecendo com o projeto é preciso de mais uma informação. Nesta primeira metade do projeto, foi realizado tudo o que havia sido planejado? Se isso for verdade, aí realmente o déficit será de R$ 100 mil. Entretanto, esse valor poderá ser bem maior se o projeto estiver atrasado, pois, nesse caso, além de ter sido gasto mais, ainda se fez menos do que o planejado.

Com relação à segunda pergunta, considere que, decorrida metade da duração planejada, foram realizados 25% dos módulos previstos para o projeto todo. Suponha, agora, que os módulos tenham tempos iguais de execução. O que isso significa? O desempenho do projeto está 50% abaixo do planejado?

Novamente, para concluir algo a respeito do andamento do projeto são necessárias mais informações. Por exemplo, é preciso saber quanto o projeto gastou nessa primeira metade, pois, se utilizou menos recursos do que o planejado, seu índice de desempenho foi maior.

Assim, com o intuito de cruzar os dados referentes a tempo, custo e trabalho e, com isso, criar um relatório mostrando o desempenho do projeto, definem-se as seguintes variáveis:

- custo orçado do trabalho agendado (Cota) — é o custo acumulado que foi orçado para todo o trabalho agendado até um determinado marco do projeto;
- custo real do trabalho realizado (CRTR) — é o custo acumulado que realmente foi despendido no trabalho efetivamente realizado até um determinado marco do projeto;
- custo orçado do trabalho realizado (COTR) — é o custo orçado (não o real) para o trabalho que foi efetivamente realizado até uma determinada data.

As três variáveis citadas estão representadas nas curvas da figura 9, que descreve a evolução temporal dos gastos do projeto. O eixo horizontal corresponde ao tempo e o vertical ao custo acumulado. Por meio dessas curvas pode-se avaliar o desempenho do projeto.

Para isso serão usadas as seguintes métricas de valores absolutos:

- variação de custo (VC) — a diferença entre o custo efetivamente gasto do trabalho que foi realizado até a data da verificação e o custo orçado para esse trabalho. Ou seja,

$$VC = CRTR - COTR$$

- variação da programação (VP) — a diferença entre a quantidade de trabalho que foi agendada até a data de verificação e a quantidade de trabalho realizada nesse mesmo período, expressa em custos. Ou seja,

$$VP = Cota - COTR$$

Figura 9

ANÁLISE DO VALOR AGREGADO DE UM PROJETO

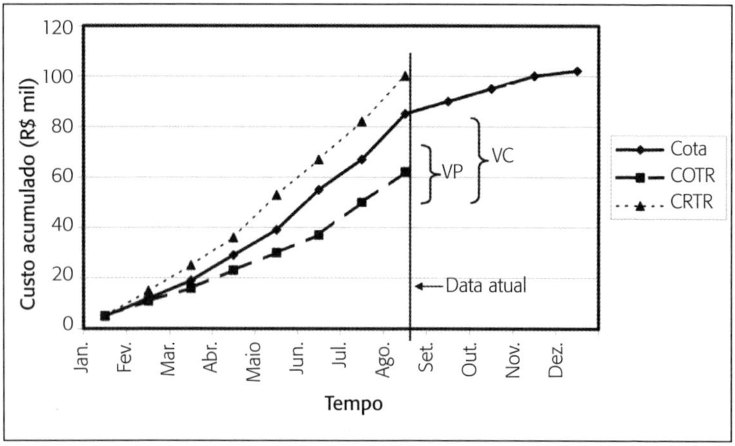

É comum também o uso de métricas de valores relativos, chamadas de índices de progresso do projeto. Por exemplo, o índice de desempenho do custo (IDC), que é igual a COTR ÷ CRTR, indicando que o projeto está acima do orçado quando IDC < 1, e o índice de desempenho do prazo (IDP), que é igual a COTR ÷ Cota, indicando que o projeto está com prazo estourado quando IDP < 1.

Por último, pode-se extrapolar as curvas relativas a COTR e CRTR para fazer estimativas acerca do comportamento do custo até o fim do projeto. Para isso será considerado que os índices de progresso definidos acima se manterão constantes. Essa hipótese fornece uma projeção razoável do desempenho final do projeto. Apesar de extremamente mais precisa do que outras formas de avaliação de andamento, pois permite uma visão mais realista da performance do projeto, o relatório apresentado é focado basicamente na visão interna. O relatório apresentado a seguir enfoca o controle sob o ponto de vista do ambiente externo ao projeto.

Relatório de desempenho de atendimento a produtos do projeto

Além da análise do desempenho utilizando métricas relacionadas às variáveis internas, um relatório de progresso bastante útil pode ser obtido por meio de dados provenientes de avaliações externas. De fato, são muitos os casos em que a avaliação externa é necessária e deve ser levada em conta para a medição do desempenho do projeto. Nesses casos, é importante que exista um relatório refletindo as informações.

Esse fato é relevante em projetos que possuem grande utilização externa de subprodutos. Por exemplo, um projeto de implantação de uma central de atendimento, um projeto de desenvolvimento de um software corporativo ou um projeto de melhoria de processos.

Em todos esses casos, ao longo do processo de implantação desses novos produtos, os usuários podem ser entrevistados, fornecendo informações que irão compor um relatório de qualidade dos produtos desenvolvidos pelo projeto.

O quadro 4 apresenta um exemplo de questionário utilizado para avaliação externa da qualidade de produtos e serviços.

Quadro 4
QUESTIONÁRIO PARA AVALIAÇÃO EXTERNA

<table>
<tr><th colspan="6">Avaliação de relacionamento</th></tr>
<tr><td colspan="6">Prezado usuário,
Solicitamos a gentileza de avaliar nosso trabalho até o presente momento para que possamos atendê-lo cada vez melhor.</td></tr>
<tr><td colspan="6">Critérios: são os seguintes os critérios utilizados para a avaliação, de acordo com o grau de satisfação referente aos nossos serviços:
5 Excelente 4 Bom 3 Regular 2 Fraco 1 Péssimo</td></tr>
<tr><td>Atendimento</td><td colspan="5">Grau</td></tr>
<tr><td>1 – Agilidade no atendimento da solicitação do produto</td><td>1</td><td>2</td><td>3</td><td>4</td><td>5</td></tr>
<tr><td>2 – Interesse e cordialidade da equipe de atendimento</td><td>1</td><td>2</td><td>3</td><td>4</td><td>5</td></tr>
</table>

continua

3 – Cumprimento dos prazos estipulados	1	2	3	4	5
Produtos/serviços					
4 – Identificação, pelos técnicos, das suas necessidades	1	2	3	4	5
5 – Apresentação da solução técnica para o problema	1	2	3	4	5
6 – Atendimento às expectativas de seu setor/unidade	1	2	3	4	5
Avaliação global					
7 – De forma geral, como avalia esse produto/serviço	1	2	3	4	5
Importante: descreva suas críticas e sugestões ou qualquer outra observação que queira fazer a respeito desse produto/serviço.					

Para aplicar um questionário com tais características é necessário estabelecer o processo global da avaliação externa. Pode-se dividir esse processo nas três etapas descritas a seguir.

- Preparação das entrevistas — nessa etapa, a partir dos produtos e serviços desenvolvidos pelo projeto, a equipe de gerenciamento contrata ou mobiliza as pessoas que serão responsáveis pela aplicação dos questionários, define como será a abordagem nas entrevistas e seleciona os entrevistados.
- Aplicação dos questionários — etapa em que o entrevistador e o entrevistado participam de uma reunião previamente agendada, com o intuito de coletar respostas sinceras a respeito do trabalho executado pela equipe de projeto. É importante que o entrevistador explicite a sua posição de não pertencente ao projeto.
- Avaliação dos resultados — depois de um determinado período previamente estipulado, os resultados são levados à equipe de projeto para que sejam analisados os principais problemas relacionados aos produtos ou serviços. É importante analisar cada uma das entrevistas separadamente, avaliando quais características do trabalho realizado pela equipe não estão satisfazendo os requisitos dos usuários.

Na tabela 2 é apresentado um relatório de desempenho de avaliação externa onde o período de apuração é trimestral. Cada um dos sete itens está disposto separadamente e o resultado de cada trimestre é a média de todos os questionários apurados.

Tabela 2
Evolução da avaliação externa

Item	Mar. 2004	Jun. 2004	Set. 2004	Dez. 2004
1	4,7	4,2	4,0	3,5
2	4,5	4,4	4,3	4,2
3	5	4	3,7	3
4	4,6	4,7	4,5	4,4
5	4,2	4,2	4,8	4,8
6	4,4	4,7	4,2	4
7	4,5	4,4	4	3,4

Estendendo ainda mais a visão externa do projeto, o próximo relatório introduz uma abordagem organizacional que, apesar de possuir implementação mais complexa, permite uma visão mais holística de controle.

Scorecard do projeto

Os relatórios de *scorecard* do projeto visam estabelecer uma cultura organizacional de medição e análise de indicativos críticos de desempenho para as equipes de trabalho. Esses relatórios são construídos a partir de mecanismos formais inseridos no processo de qualidade da empresa e serão relevantes na tomada de decisões gerenciais.

O *scorecard* do projeto é realizado seguindo os cinco passos a seguir:

- identificação dos critérios para o sucesso — baseado em toda a documentação do projeto (plano do projeto, declaração de escopo, planejamento de riscos etc.), defina qual informação é necessária para demonstrar o sucesso do projeto;
- definição das métricas potenciais — aponte as métricas que serão utilizadas para a avaliação de cada critério de sucesso. Elas devem identificar se o critério está sendo atingido. Aqui é importante estabelecer como se dará a coleta da informação;
- busca de equilíbrio entre as áreas críticas — a lista potencial de métricas deve ser alocada por categorias para que se tenha certeza da obtenção de uma visão equilibrada do projeto. Existem algumas áreas que são importantes para a maioria dos projetos. São elas: custo, esforço, duração, produtividade, qualidade dos produtos, satisfação dos clientes, desempenho da equipe e agregação de valor para o negócio;
- priorização da lista de métricas — dependendo da quantidade de métricas identificadas, priorize a lista visando incluir somente aquelas métricas que apresentam o menor custo de coleta e agregam maior valor ao projeto;
- estabelecer os alvos para cada métrica — a mensuração do sucesso de uma métrica origina-se da comparação entre as métricas atuais e os valores planejados. O alvo poderá ter um valor único a que se está visando ou pode, também, estabelecer variações em outras métricas. Por exemplo, é preciso que se complete o projeto em uma data certa específica, mas o verdadeiro custo poderá necessitar de um adiantamento de 10% do orçamento aprovado.

O quadro 5 mostra um exemplo da aplicação do *scorecard* do projeto.

Quadro 5

EXEMPLO DE MÉTRICAS PARA O SCORECARD DO PROJETO

Categoria	Exemplos de métricas
Custo	❑ Custo atual × custo orçado para o projeto. Medido por fase e por atividade usando análise de valor agregado; ❑ O custo total da mão de obra × orçamento da mão de obra; ❑ Custo total com empregados, contratações e consultorias × orçamento; ❑ Custos associados à construção de componentes para a reutilização em outros projetos semelhantes; ❑ Ideias para a implementação de redução de custos e realização de economias de custo.
Esforço	❑ Esforço real × orçamento; ❑ Esforço do gerente do projeto × esforço total.
Duração	❑ Duração real do projeto × duração planejada.
Produtividade	❑ Esforço por unidades de trabalho/tamanho do projeto ❑ Unidades de trabalho produzidas por esforço ❑ Esforço gasto sobre o modelo de processos do projeto ❑ Esforço oriundo da reutilização das *deliverables* prévias, modelos prévios e componentes prévios ❑ Número de ideias, de improvisação dos processos efetivamente implementados ❑ Número de horas/valores (em reais) economizados oriundos das improvisações realizadas no processo
Qualidade das entregas (*deliverables*)	❑ Percentual das entregas (*deliverables*) que passam pela revisão de qualidade ❑ Percentual da revisão de entregas (*deliverables*) que resultaram em aceitação na primeira vez ❑ Número de defeitos identificados após aceitação inicial ❑ Percentual das entregas (*deliverables*) que estão 100% de acordo com o modelo de organização ❑ Percentual das entregas (*deliverables*) que estão de acordo com o modelo arquitetônico de organização ❑ Número das requisições de mudanças dos clientes para revisão do escopo ❑ Número de horas de retrabalho para que se completem as entregas (*deliverables*) previamente ❑ Número das melhores práticas identificadas e usadas no projeto ❑ Número de riscos que foram minimizados com sucesso

continua

Categoria	Exemplos de métricas
Satisfação do cliente com as entregas (*deliverables*)	Visão geral da satisfação do cliente quanto às entregas (*deliverables*) em termos de avaliação de: ❑ confiabilidade ❑ defeitos mínimos dos produtos ❑ usabilidade ❑ facilidade de uso dos produtos desenvolvidos ❑ disponibilidade dos técnicos ❑ flexibilidade ❑ intuitividade ❑ segurança; ❑ atendimento às necessidades do cliente ❑ número de requisições de negócio aprovadas satisfatoriamente pelo projeto
Satisfação do cliente quanto à equipe do projeto	Visão geral da satisfação do cliente quanto à equipe do projeto, em termos de: ❑ resposta ❑ competência ❑ acessibilidade ❑ cordialidade ❑ boa comunicação ❑ credibilidade ❑ conhecimento a respeito do cliente ❑ confiabilidade/deduzida por meio dos comprometimentos ❑ profissionalismo ❑ treinamento fornecido ❑ visão geral da satisfação do cliente ❑ período de tempo completo requerido para responder indagações e problemas dos clientes ❑ tempo médio requerido para solução das incidências ❑ número de requisições de mudança de escopo, que se enquadram dentro do orçamento e duração do projeto original
Valor do negócio	Baseado em análise de custo/benefício – ou na proposição de valor – que foi criada quando o projeto foi aprovado e teve seu capital aprovado.

Alguns conceitos são úteis para se obter vantagens com a utilização de relatórios quantitativos de desempenho. Abaixo estão listados os mais importantes:

- ❑ use bom senso e sensibilidade empresarial quando interpretar dados de desempenho;

- forneça regularmente realimentação aos que coletam os dados;
- não pense que usando apenas relatórios de desempenho irá conseguir avaliar indivíduos;
- trabalhe com as equipes para estabelecer metas claras e métricas que devem ser usadas;
- nunca use os dados de desempenho para ameaçar indivíduos ou equipes;
- dados que indicam uma área problemática não devem ser considerados negativos. Esses dados são indicadores para a melhoria dos processos;
- não fique obcecado com um único relatório em detrimento de outros igualmente importantes.

Conclusão

O gerente do projeto e a sua equipe se comunicam com as partes interessadas em vários momentos: para levantamento de necessidades e requisitos, para negociação, para apresentação de resultados dos trabalhos, para posicionamento do desempenho do projeto, entre outros.

O gerenciamento da comunicação em projetos implica, na verdade, um número reduzido de técnicas que, por sua vez, exigem muitos cuidados no seu desenvolvimento e aplicação. Somente por meio do uso contínuo desses preceitos é que os gerentes e as equipes irão desenvolver gradativamente as habilidades e a experiência imprescindíveis para uma maior eficácia na comunicação em projetos. Os pontos críticos que devem ser observados nesse processo são:

- identificar o público-alvo da comunicação — a correta identificação do público-alvo é o primeiro passo para saber o que deve ser produzido, para quem e em que quantidade e formato. Necessidades de informação da alta administração são diferentes daquelas da área contábil e de auditoria. Informações julgadas adequadas para gerentes e chefias podem ser insuficientes para profissionais de áreas técnicas e de implantação, e ainda consideradas por demais detalhadas e desnecessárias para patrocinadores ou diretores;

- determinação dos objetivos da comunicação — a avaliação das necessidades de informação das partes envolvidas no projeto deve levar em conta não apenas a necessidade e características das mesmas, mas uma análise dos valores, crenças e objetivos das pessoas e organizações que a receberão. Normas, regras e práticas consagradas e já em uso, processos de trabalho e estágio tecnológico ajudam a identificação;
- preparação da mensagem — tanto conteúdo quanto forma devem ser considerados na preparação da mensagem. O conteúdo deve ser bem-estruturado, abordar os assuntos principais, citar fontes e, quando for o caso, descrever alternativas de solução e apontar ações e seus impactos. A forma deve ser adequada ao receptor tanto para leitura ou consulta quanto para uso oral, escrito ou impresso, fazendo uso da tecnologia de telecomunicações e de informática disponível, quando for o caso;
- seleção dos meios de comunicação — a escolha dos meios deve levar em conta a facilidade de acesso a eles, sua eficácia em cada situação e o custo de cada meio utilizado, considerando-se benefícios e desvantagens no uso de cada um. Assim, podemos considerar a comunicação face a face, cartas, e-mail, software de comunicação, mensagens por meio de telefone fixo ou celular, internet, SMS, VoIP (*voice-on-internet-protocol*) e outras modalidades;
- capacitação para o uso — a comunicação em projetos ocorre em entrevistas, reuniões, palestras, relatórios escritos ou impressos e com o auxílio eventual de computadores e telecomunicações, como citado anteriormente. E cada um dos meios requer uma preparação adequada para sua utilização. Assim, o domínio e o uso correto do idioma, de técnicas de

apresentação, de habilidades de negociação e vendas, bem como as facilidades que a informática oferece são de grande utilidade para que o receptor entenda corretamente a mensagem enviada;

- avaliação dos resultados da comunicação — ao término de cada comunicação efetuada é importante avaliar-se o impacto e os resultados que ela gerou no seu público-alvo, o que resulta num *feedback* do que pode ser aprimorado, ajustes e melhorias para as próximas comunicações.

Ainda que uma comunicação eficaz seja chave para o sucesso de um projeto, atividades formais de comunicação representam consumo de tempo e esforço pessoal. Deve-se considerar, na estratégia e no plano de comunicação, o cronograma, restrições de recursos e a carga administrativa global incidente sobre as partes interessadas do projeto. Precisa-se balancear, por exemplo, os requisitos de informação com o tempo para preparação de relatórios. Não é recomendável permitir que as atividades de reporte interfiram nas atividades produtivas do projeto, ou que estas sejam impactadas pelo tempo dedicado a reuniões e apresentações.

Esperamos que este livro possa desenvolver e aprimorar, nos interessados neste assunto, as habilidades e conhecimentos necessários a uma boa comunicação em projetos.

Referências

BALDAM, Roquemar; VALLE, Rogério; CAVALCANTI, Marcos. *GED* — Gerenciamento eletrônico de documentos. São Paulo: Érica, 2002.

CLELAND, D.; IRELAND, L. *Gerência de projetos*. Rio de Janeiro: Reichmannn & Affonso, 2002.

DAWSON, Rodney J. *Communications strategies for major public works projects*: the Los Angeles metro rail program under siege. North Carolina: Project Management Casebook, PMI, 1997.

DEMING, Wiliam Edwards. *Out of the crisis*. Cambridge: Massachusetts Institute of Technology, 1986.

HARPHAM, Trudy; BURTON, S.; BLUE, I. *Healthy city projects in developing countries*: the first evaluation.

HELLER, Robert. *Como se comunicar bem*. São Paulo: Publifolha, 1999.

KERZNER, Harold. *Project management*: a systems approach to planning, scheduling and controlling. 6. ed. New York: Van Nostrand Reinhold, 1998.

KRAUL, R.; STREETER, L. Coordination in software development. *CACM*, v. 38, n. 3, p. 69-81, March 1995.

MATOS, Gustavo. *Comunicação sem complicação* — como simplificar a prática da comunicação nas empresas. Rio de Janeiro: Campus, 2004.

MEHRABIAN, A. Communication without words. *Psychology Today*, v. 2, n. 4, p. 53-56, 1968.

MENDES, Eunice; JUNQUEIRA, L. A. C. *Comunicação sem medo*. São Paulo: Gente, 1999.

NOLAN, R.; KOLB, D. M. Architecture leadership and stakeholders. *Stage by Stage*, v. 7, n. 4, p. 1-9, March 1987.

PINTO, Jeffrey K. *Successful information system implementation:* the human side. Upper Darby, PA: PMI, 1994.

PMI (PROJECT MANAGEMENT INSTITUTE). *Um guia do conjunto de conhecimentos em gerenciamento de projetos* — Guia PMBOK®. 3. ed. Upper Darby, PA: PMI, 2004.

PMI (PROJECT MANAGEMENT INSTITUTE). *Um guia do conjunto de conhecimentos em gerenciamento de projetos* — Guia PMBOK®. 4. ed. Upper Darby, PA: PMI, 2008.

QUIRKE, Bill. *Communicating corporate change*: a practical guide to communication and corporate strategy. New York, McGraw Hill, 1996.

SECCHI, P. An effective way to prevent failures and problems. In: WORKSHOP ON ALERTS AND LESSONS LEARNED. ESA/ESTEC. *Proceedings*... Noordwijk, The Netherlands, Sep. 1999. (Technical Report WPP-167).

SHEWHART, Walter. *Statistical method from the viewpoint of quality control*. Mineola, NY: Dover, 1986.

SILVEIRA NETO, Fernando Henrique. *Outra reunião?* 4. ed. Rio de Janeiro: COP, 2002.

SMITH, Steve. *Faça diferença* — ferramentas testadas e aprovadas para o gerenciamento de mudanças. São Paulo: Clio, 1998.

THOMAS, S. R.; TUCKER, R. L.; KELLY, W. R. Critical communications variables. *Journal of Construction Engineering and Management*, p. 58-66, Jan./Feb. 1998.

VARGAS, Ricardo Viana. *Plano de projetos*. Rio de Janeiro: Brasport, 2004.

______. *Análise de valor agregado em projetos*. Rio de Janeiro: Brasport, 2005.

VERMA, Vijay. *The human aspects of project management* — organizing projects for success. Project Management Institute, Upper Darby, PA, 1995. v. 1.

VERZUH, Eric. *Gestão de projetos* — MBA compacto. Rio de Janeiro: Campus, 2000.

WEBER, R.; AHA, D. W.; BECERRA-FERNANDEZ, I. *Categorizing intelligent lessons learned systems*. Department of Computer Science, University of Wyoming, 2001. (Paper)

Apêndices

Apêndice A
Exemplo de plano de comunicação

Plano de Comunicação — Projeto GPCOM

Seção 1 — Apresentação

Projeto GPCOM

O propósito do plano de comunicação GPCOM é fornecer uma estrutura geral para o gerenciamento e coordenação de uma variada gama de comunicações que irá, direta ou indiretamente, acontecer como componente do projeto de implementação GPCOM. Ele enfoca os comunicadores, partes interessadas, mensagens, canais de comunicação, mecanismos de *feedback* e cronograma de mensagens, e cria um mapeamento entre eles. A estrutura deve assegurar que o projeto de implementação GPCOM tenha informações consistentes, relevantes e acuradas a qualquer momento.

O gerente do projeto nomeará um responsável pelo processo de comunicação para desenvolver os materiais de comunicação e suportar e verificar a distribuição das informações, além de assumir uma tarefa adicional de medir e analisar a eficácia do plano de comunicação do projeto. A entrega efetiva de muitas mensagens de comunicação será realizada por meio de comunicadores designados, que facilitarão e apresentarão sessões de discussão e revisão, entregarão mensagens diretamente e solicitarão *feedback*. Os recursos necessários para desenvolver os materiais de comunicação e suportar a entrega das informações serão incluídos nos planos de trabalho dos materiais específicos.

O plano será constituído dos seguintes componentes:

- partes interessadas do projeto;
- eventos de comunicação;
- cronograma de comunicação;
- formatos de comunicação;
- elementos de comunicação.

Para que o projeto obtenha o suporte e o trabalho eficaz de cada grupo envolvido com ele diretamente (partes interessadas) é necessária uma comunicação efetiva com eles.

Seção 2 — Partes interessadas do projeto

Esta seção contém uma descrição das várias partes interessadas que, como audiências-chave, devem estar cobertas no plano de comunicação. O quadro 1 identifica cada parte interessada, seus interesses específicos e expectativas.

Seção 3 — Eventos de comunicação para o projeto de implementação GPCOM

Esta seção, por meio do quadro 2, indica os eventos de comunicação que devem ocorrer para suportar o projeto. Os formatos de comunicação e de reuniões são apresentados na seção 6.

PARTES INTERESSADAS DO PROJETO

Partes interessadas	Participantes	Interesses das partes interessadas	Expectativas
Patrocinadores executivos	Ildo Moraes, Alicia Severo, Celso Morieto	❑ *Owners* da estratégia do projeto ❑ Designação e uso adequado dos recursos ❑ Progresso do projeto ❑ Desenvolvimento de políticas	❑ Projeto seja bem planejado ❑ Andamento do projeto conforme planejado ❑ Problemas sejam levantados rapidamente ❑ Políticas sejam seguidas
Comitê executivo	Felipe Santos, Lidio Gomes, Artur Remo	❑ Estratégia do projeto ❑ Mudanças nas operações e políticas do negócio ❑ Implementação do GPCOM ❑ Entregáveis do projeto	❑ Receber reportes do andamento ❑ Poder identificar e resolver questões políticas ❑ Aprovar o planejamento do projeto ❑ Fornecer *input* na revisão dos produtos do projeto
Grupo de liderança executivo	Cintia Saraiva, Lorimar Couto, Décio Lins	❑ Implementação do sistema GPCOM ❑ Designação dos recursos da empresa GP ❑ Adesão aos padrões técnicos e legais	❑ Receber reportes do andamento ❑ Ter notificação de variações do *project charter* e da estratégia do projeto ❑ Assumir a responsabilidade pelos recursos do projeto
Usuários locais	Pessoal de linha que vai trabalhar nos escritórios locais, incluindo pessoal próprio ou terceirizado	❑ Como o sistema vai operar e como vai impactá-los ❑ Mudanças nos processos e políticas do negócio	❑ Receber treinamento ❑ Receber um sistema bem responsivo ❑ Ter assistência no aprendizado do novo sistema
Equipe do projeto	Pessoal designado direta ou indiretamente para trabalhar no projeto	❑ Direcionamento e delegação clara de tarefas ❑ Gerenciamento de qualidade consistente	❑ Participar da revisão e *feedback* dos entregáveis ❑ Receber delegação pela qualidade

Quadro 2

EVENTOS DE COMUNICAÇÃO

Evento	Comunicador	Audiência	Canal (mídia)	Frequência	Mecanismo de *feedback*
Relatório de andamento	Gerente do projeto	Executivos patrocinadores, comitê executivo, grupo de liderança executivo, partes interessadas internas e externas	Relatórios escritos, revisões de status presenciais	Mensal (sob demanda)	Comentários nos relatórios, pessoalmente
Reunião do comitê executivo do projeto GPCOM	Gerente do projeto	Comitê executivo	Notas orais e discussão	Mensal	Pessoalmente
Relatório de status de garantia de qualidade	Consultor de garantia de qualidade	Executivos patrocinadores	Relatório escrito de garantia de qualidade	Mensal	Pessoalmente
Reuniões de melhores práticas	Executivo patrocinador, gerente do projeto	Gerentes regionais	Reunião presencial e atas de reunião	Bimensal	Pessoalmente
Reuniões iniciais regionais (12 regiões)	Executivo patrocinador, gerente do projeto	Coordenador da região, equipe regional	Reunião presencial	Uma vez, no início do projeto	Pessoalmente
Circular eletrônica	Gerente do projeto	Equipe regional, gerências regionais, partes interessadas internas e externas	E-mail	Trimestral	Formulário de *feedback*

continua

Evento	Comunicador	Audiência	Canal (mídia)	Frequência	Mecanismo de *feedback*
Notícias diárias	Gerente do projeto	Equipe do departamento	Somente para o departamento	Periódica	Formulário de *feedback*
Reuniões regionais de pré-implementação	Executivo patrocinador, gerente do projeto, analista técnico	Coordenador da região, equipe regional	Reunião	Dezembro 2005	Caixa de resposta no e-mail, pessoalmente
Implementação do website GPCOM	Gerente do projeto, pessoal técnico, pessoal comercial	Todas as partes interessadas	Biblioteca de documentos, FAQ, cronogramas, planos, relatórios de andamento circulares, documentação do sistema e ajudas	Início em janeiro 2006	Formulário de *feedback*
Treinamento dos usuários	Instrutor GPCOM	Todos os funcionários usuários	Sessões de material de treinamento	Piloto: março 2006; geral: junho 2006	Pessoalmente, formulário de *feedback*
Apresentações de andamento	Gerente do projeto, coordenadores do projeto	Áreas com requisito de relatórios de andamento (p. ex. DAG, DPM, DTI etc.)	Apresentação	Sob demanda	Pessoalmente

continua

Evento	Comunicador	Audiência	Canal (mídia)	Frequência	Mecanismo de *feedback*
Teleconferência estadual	Gerente do projeto, coordenadores do projeto	A ser definida	Videoconferência, conferência telefônica ou webcasting	Duas vezes por mês (manhãs de sexta-feira)	Pessoalmente
Orientação dos gerentes de programa e demonstrações	Gerente do projeto, coordenadores do projeto	Gerentes de programa em nível estadual	Reunião presencial	Janeiro 2006	Pessoalmente
Orientação e demonstração local	Gerente do projeto, coordenadores do projeto	Gerentes locais de programas, funcionários de atendimento	Reunião presencial	Janeiro 2006	Pessoalmente
Reuniões de equipes comerciais	Coordenadores do projeto, equipe do projeto	Equipes comerciais	Reunião presencial	Quinzenal	Pessoalmente
Reuniões de equipes técnicas	Coordenadores do projeto, equipe do projeto	Equipes técnicas	Reunião presencial	Quinzenal	Pessoalmente

Seção 4 — Cronograma de comunicação

Esta seção, pelo cronograma a seguir, identifica os eventos de comunicação que ocorrerão em cada mês do projeto.

Quadro 3
CRONOGRAMA DE COMUNICAÇÃO

Mês	Evento de comunicação	
Janeiro 2006	❑ Relatório de andamento de implementação do projeto GPCOM ❑ Relatório de garantia de qualidade ❑ Reunião de melhores práticas ❑ Circular de implementação GPCOM ❑ Teleconferência estadual	❑ Demonstrações de orientação aos usuários ❑ Demonstrações de orientação aos coordenadores de projeto ❑ Reuniões de equipes comerciais ❑ Reuniões de equipes técnicas ❑ Reuniões de coordenação comercial/técnica
Fevereiro 2006	❑ Relatório de andamento de implementação do projeto GPCOM ❑ Relatório de garantia de qualidade ❑ Reunião de melhores práticas ❑ Circular de implementação GPCOM	❑ Reuniões de equipes comerciais ❑ Reuniões de equipes técnicas ❑ Reuniões de coordenação comercial/técnica
Março 2006	❑ Relatório de andamento de implementação do projeto GPCOM ❑ Relatório de garantia de qualidade ❑ Reunião de melhores práticas ❑ Circular de implementação GPCOM	❑ Reuniões de equipes comerciais ❑ Reuniões de equipes técnicas ❑ Reuniões de coordenação comercial/técnica
Abril 2006	❑ Relatório de andamento de implementação do projeto GPCOM ❑ Relatório de garantia de qualidade ❑ Reunião de melhores práticas ❑ Circular de implementação GPCOM	❑ Treinamento dos usuários ❑ Reuniões de equipes comerciais ❑ Reuniões de equipes técnicas ❑ Reuniões de coordenação comercial/técnica

continua

Mês	Evento de comunicação	
Maio 2006	❑ Relatório de andamento de implementação do projeto GPCOM ❑ Relatório de garantia de qualidade ❑ Reunião de melhores práticas ❑ Circular de implementação GPCOM ❑ Treinamento dos usuários	❑ Reuniões de equipes comerciais ❑ Reuniões de equipes técnicas ❑ Reuniões de coordenação comercial/técnica
Junho 2006	❑ Relatório de andamento de implementação do projeto GPCOM ❑ Relatório de garantia de qualidade ❑ Reunião de melhores práticas ❑ Circular de implementação GPCOM	❑ Treinamento dos usuários ❑ Reuniões de equipes comerciais ❑ Reuniões de equipes técnicas ❑ Reuniões de coordenação comercial/técnica

Seção 5 — Formatos de comunicação

Esta seção tem o objetivo de estabelecer o conteúdo dos instrumentos-chave de comunicação e das reuniões.

Seção 6 — Elementos de comunicação

Esta seção relaciona os elementos de comunicação que suportam o projeto de implementação GPCOM.

Grupos de audiência

Os grupos de audiência para o projeto de implementação GPCOM podem ser compostos de diferentes formas: equipes do programa, patrocinadores do programa, partes interessadas internas e externas. Claramente, a maior parte dos indivíduos pertencerá a um certo número potencial de grupos de audiência, alguns dos quais se sobrepõem ou têm diferentes preocupações e prioridades.

Quadro 4
INSTRUMENTOS DE COMUNICAÇÃO

Relatórios e apresentações de andamento
- Sumário do status
- Realizações atingidas
- Desvios do plano
- Cronograma
- Esforço/custo despendidos
- Decisões e políticas-chave do projeto
- Problemas e questões significativas do projeto
- Plano de risco e mitigação

Comitê executivo
- Revisão de pautas
- Discussão de problemas e questões críticas
- Revisão de políticas
- Revisão do plano de comunicação

Reunião de melhores práticas
- Revisão do andamento do projeto
- Revisão de decisões e políticas-chave do projeto
- Revisão de atividades futuras do projeto
- Prover discussões de *feedback*

Circular de implementação GPCOM
- Status do projeto
- Decisões e políticas-chave
- Perguntas mais frequentes
- Noções básicas sobre interfaces e funções do sistema GPCOM

Reunião regional de pré-implementação
- Revisão do plano de implementação
- Revisão de papéis e responsabilidades de implementação
- Revisão dos recursos de implementação

Treinamento dos usuários
- Treinamento no sistema GPCOM
- Regras de negócio
- Processos de negócios
- Relatórios
- Políticas e procedimentos do sistema

Documentação GPCOM
- Documentação tela a tela
- Dicionário de dados com regras de negócio
- Procedimentos de cenários de negócio
- Relatórios
- Políticas e procedimentos do sistema
- Obtenção de ajuda

Canais de comunicação e feedback

Os canais de comunicação e *feedback* podem se distribuir em três categorias: frente a frente, baseados em papel ou em tecnologia. Alguns serão mais adequados para certos tipos de audiência e para diferentes objetivos de comunicação do que outros.

Frente a frente (principal mecanismo de comunicação):

- apresentações/reuniões;
- *workshops*;
- discussões um a um.

Baseados em papel:

- circulares;
- questionários de comunicação;
- memorandos internos;
- formulários de *feedback*.

Baseados em tecnologia:

- vídeo;
- e-mail;
- fóruns eletrônicos;
- páginas web.

Comunicadores

Tão importante quanto a mensagem é quem a entrega, o comunicador. Ele tem que ter credibilidade junto à audiência que receberá a mensagem. Também é importante que os comunicadores sejam suportados e treinados em habilidades de comunicação.

Eficácia e medição de feedback

O *feedback* é a chave para assegurar a efetividade constante do projeto de implementação GPCOM. Além de determinar se as pessoas sentem que os comunicadores estão fazendo um trabalho confiável, o *feedback* deve focar as respostas a uma série de questões, como, por exemplo, se os indivíduos:

- entendem o que o projeto vai fornecer;
- entendem quando o projeto vai disponibilizar as capacidades específicas;
- entendem o progresso do projeto;
- entendem os problemas e questões críticas do projeto;
- sentem que estão envolvidos nos acontecimentos;
- sentem que é dada a chance de que suas opiniões sejam ouvidas;
- sentem que suas perguntas estão sendo respondidas;
- acreditam ser os "donos" do projeto.

Avaliando-se o *feedback* estaremos aptos a adaptar o plano de comunicação para atender às necessidades das audiências a qualquer momento, o que permitirá uma melhoria contínua da comunicação futura.

Eventos de comunicação frente a frente (por exemplo, encontros de várias naturezas, *workshops* e visitas gerenciais) devem prover uma oportunidade para as audiências darem *feedback* diretamente aos comunicadores. Outros canais devem incluir formulários físicos de *feedback*, além de fóruns para que as pessoas deem *feedback* e façam as perguntas necessárias.

Apêndice B
Agenda de convocação de reunião (modelo)

<table>
<tr><td colspan="4">Agenda de convocação de reunião</td></tr>
<tr><td>Data</td><td>Local</td><td>Início</td><td>Término</td></tr>
<tr><td colspan="4">Projeto</td></tr>
<tr><td colspan="4">Objetivos principais a serem alcançados</td></tr>
<tr><td colspan="4">Participantes</td></tr>
</table>

Item	*Assunto a ser discutido*	*Duração parcial*

<table>
<tr><td>Convocada por</td><td>Data</td><td>Telefone / e-mail</td></tr>
<tr><td colspan="3">Observações e recomendações</td></tr>
</table>

Apêndice C
Ata (memória) de reunião (modelo)

Número do projeto	Nome do projeto	Cliente	Número da ata

Preparado por	Data da preparação	Tipo de reunião	Duração

Participantes		
Nome	Telefone/e-mail	Departamento/empresa

Copiados		
Nome	Telefone/e-mail	Departamento/empresa

1 — Agenda

2 — Tópicos discutidos

3 — Itens de ação/problemas a solucionar

Item	Descrição	Responsável	Data

4 — Próxima reunião

Data: ____/____/____ Horário: ____________________

Local: ____

Apêndice D
Log de problemas (modelo)

Data:

Código do projeto:

Gerente do projeto:

Nome do projeto:

	Descrição do problema	Data			Responsável pela solução	Status
		Ocorrida	Desejada para solução	Real da solução		
1						
2						
3						
4						
5						
6						
7						
8						
9						
10						
11						
12						

Status:

1 — Em aberto (problema identificado e ação de solução não iniciada)
2 — Em tratamento (problema sendo resolvido)
3 — Problema resolvido
4 — Problema sem solução

Apêndice E
Registro de lições aprendidas (modelo)

Código do projeto	Nome do projeto	Preparado por	Data
Cliente	Pessoa de contato	E-mail do contato	Telefone

Sumário executivo

Histórico geral do projeto
Principais aprendizados
Sumário de recomendações

Sumário de desempenho técnico

Experiência adquirida Nesta seção, coloque as experiências relativas ao aprendizado obtido na área técnica do projeto. Descreva sucintamente o que fizeram de errado e o que aprenderam com a experiência, como poderia ter sido melhor. O que experimentaram no projeto e que foi bom. Indique também o que não se deve fazer.

Processos recomendados para melhoria contínua A partir da experiência, o que a equipe considera que deve ser mudado nos processos de trabalho na área técnica (exemplos: desenvolvimento de sistemas, de *business intelligence*, de implantação de redes etc.). Proposta de atualização de ferramentas ou instrumentos

Sumário de desempenho de cronograma

Experiência adquirida Nesta seção, coloque as experiências relativas ao aprendizado obtido na gestão do cronograma. Descreva sucintamente o que provocou os atrasos mais significativos, quais os principais erros de estimativas, quais as técnicas usadas que foram boas etc.
Processos recomendados para melhoria contínua Descreva sugestões de melhoria no processo de gestão de cronograma, desde a estimativa até o controle na execução.
Proposta de atualização de ferramentas ou instrumentos Nesta seção, indique sugestões de atualização de software, compras de novas soluções de gestão de cronograma ou instrumentos que auxiliem na estimativa ou controle de cronograma.

Sumário de gerenciamento de contratos

Experiência adquirida Nesta seção, coloque as experiências relativas ao aprendizado obtido na gestão de contratações e de terceiros. Descreva sucintamente o que foi bom e o que foi ruim; quais os aprendizados, quais os problemas nas contratações, quais as boas experiências, como foi a gestão dos terceiros.

Processos recomendados para melhoria contínua Descreva sugestões de melhoria no processo de gestão de contratações: gestão de terceiros, gestão de contratos, processos licitatórios, preparação de termos de referência etc.
Proposta de atualização de ferramentas ou instrumentos Descreva sugestões de atualização de ferramentas e instrumentos que possam auxiliar no processo de gerenciamento de contratos.

Apêndice F
Solicitação e análise de mudanças (modelo)

Cód. projeto	Nome do projeto	Cliente ou usuário solicitante	Data da solicitação

Responsável no cliente ou usuário	Gerente do projeto	Data da análise

Descrição da mudança

Necessidade da mudança

Solução proposta

Impacto no escopo do produto ou do projeto

Riscos ocasionados pela mudança e ações de contingência necessárias

Impacto nos prazos e *milestones*

Impacto na equipe do projeto

Impacto nos terceiros e subcontratados

Impacto financeiro (custos, receitas, lucro etc.)

Decisão (aceito, rejeitado, aceito com restrições ou alterações)	
Comentários	

Assinaturas – autorização			
Departamento/setor	Nome	Data	Assinatura

Apêndice G
Log de mudanças de requisitos (modelo)

Código do projeto	Nome do projeto	Preparado por	Data da preparação
Produto	Pessoa de contato	E-mail	Telefone

Código do requisito	Descritivo do requisito	Descritivo da mudança	Prioridade	Status	Data do status	Versão

Observações:

Prioridade: essencial, importante, secundário.
Status: implementado, em testes internos, em testes de homologação, implementação futura, rejeitado.
Versão: versão em que foi ou será implementado ou para implementação futura.

Apêndice H
Termo de homologação e aceite (modelo)

Projeto:

Gerente de projeto:

Emissor:

Fase:

Produto:

Atestamos que homologamos os produtos abaixo discriminados.

Produtos avaliados:
(Listar todos os produtos entregues para avaliação).

Critérios avaliados e resultados:
(Colocar aqui os critérios avaliados e o seu atendimento ou não. Os critérios de avaliação são definidos por produto e devem ter sido previamente acordados entre as partes durante o planejamento do projeto. Quando o produto for homologado mediante um plano de testes mais elaborado, indicar aqui e anexar o plano de testes a este documento).

Resultados obtidos:
(Indicar que os critérios de aceitação foram atendidos conforme especificado. Devem ser registradas ressalvas ou alguma pendência que não prejudique a aceitação e que deva ser providenciada *a posteriori*).

Homologador:
Nome: ___________________________
Matrícula: ________________________
Assinatura:
Data: __/__/__

Apêndice I
Relatório final de projetos (modelo)

Nome do projeto	Código do projeto	Gerente do projeto	E-mail do gerente
Cliente/usuário	Responsável no cliente/usuário	Telefone de contato	Data da preparação

1.0 Sumário executivo

1.1 Declaração do escopo (incluir a declaração de escopo atualizada).

1.2 Avaliação de satisfação do cliente (carta de referência e/ou formulário de avaliação do projeto e da equipe preenchido pelo cliente).

1.3 Sumário de avaliação do projeto (avaliação de alto nível dos principais produtos e resultados do projeto).

1.4 Próximos passos (definição dos passos necessários que sucedem ao projeto, tais como implementações, entrada em produção, oportunidades de novos serviços ou evoluções).

2.0 Resultados de atendimento a requisitos

Informar as principais características implementadas e as que não puderam ser implementadas. Complementar com documentação anexada, como: manual do usuário, manual de suporte e administração, diagramas, plantas, memorial descritivo ou outros documentos gerados pelo projeto relativos à definição técnica dos produtos entregues e sua utilização.

Desempenho de prazos

Informar o nível de atendimento aos prazos e principais atrasos ou adiantamentos ocorridos. Anexar o cronograma atualizado (com controle de *baseline*: planejado x realizado).

Resultados financeiros

Demonstrar os recebimentos no caso de projetos com faturamento. Se o relatório for interno pode conter também custos e lucros (ou perdas). No caso de projetos com subcontratados pode-se demonstrar também os desembolsos para os contratados. Em caso de projetos públicos pode vir o sumário de gastos por rubrica do orçamento.

Documentação de aceitação

Colocar em anexo os termos de aceitação de fases, produtos e aceitação final.

Os autores

Lúcio Edi Chaves

Mestre em sistemas de gestão pela Universidade Federal Fluminense e engenheiro metalúrgico pela Universidade Federal do Rio Grande do Sul. Consultor gerencial certificado pelo IBM Consulting Group, especializado nas áreas de gerência de projetos, reengenharia de processos de negócio e planejamento estratégico de tecnologia da informação. Desenvolveu e trabalhou na implantação de projetos estratégicos para grandes empresas nacionais e multinacionais tanto do setor industrial quanto financeiro. Participa como professor convidado dos cursos de pós-graduação *lato sensu* do FGV Management.

Fernando Henrique da Silveira Neto

Mestre em engenharia industrial e especialista em desenvolvimento gerencial. Graduado em engenharia de telecomunicações pela PUC-Rio. Foi diretor no Brasil da CMS Sistemas Gerenciais, gerente de divulgação técnica de informática do

IBGE e projetista de redes telefônicas na Ericsson. É autor dos livros: *Gerenciamento de projetos, como gerenciar seu projeto com qualidade, dentro do prazo e custos previstos* e *Gerenciamento de projetos e o fator humano*, ambos com Paul Dinsmore; *Ganhe tempo planejando: seu dia pode render; Outra reunião?* e *O gerente de informática: além do CPD*. É professor adjunto da PUC-Rio e professor convidado dos cursos de pós-graduação *lato sensu* do FGV Management.

Gerson Pech

Doutor em ciências pelo Centro Brasileiro de Pesquisas Físicas, com MBA em gerenciamento de projetos pela Fundação Getulio Vargas. Graduado em física pela Universidade Federal do Rio de Janeiro (UFRJ). Foi diretor de informática da Universidade do Estado do Rio de Janeiro (Uerj), respondendo pelos projetos de infraestrutura computacional da organização, treinamento, rede de comunicação de dados, desenvolvimento e manutenção de sistemas corporativos, banco de dados, segurança e elaboração de contratos de tecnologia da informação. Coordenou, em conjunto com o TRE, a implantação do sistema de eleição eletrônica para reitor da Uerj. Foi responsável por projetos de tecnologia junto às seguintes organizações: Cedae, BNDES, Cremerj e jornal *O Globo*. Atualmente é professor adjunto da Uerj. Participa, como professor convidado, dos cursos de pós-graduação *lato sensu* do FGV Management.

Margareth Fabíola dos Santos Carneiro

Mestre em gestão do conhecimento pela Universidade Católica de Brasília e especializada em projetos pela FGV. Graduada em processamento de dados pela Universidade de Brasília. Possui 21 anos de experiência em projetos. Foi a presidente-fundadora do PMI do Distrito Federal. Participou da revisão dos PMBOKs® 2000 e 2004. No PMI-DF coordenou quatro encontros de gerenciamento de projetos do Distrito Federal e gerenciou o Congresso Ibero-Americano de Projetos de 2003 (São Paulo e Rio de Janeiro). Desde 2000, atua no Grupo de Interesse Mundial do PMI para Governo (PMI GovSIG), no qual exerce atualmente a função de presidente. Em outubro de 2004 recebeu o prêmio PMI Distinguished Award em Anaheim, Califórnia, pelo seu trabalho no PMI. É coeditora da revista *Mundo PM*. É professora convidada dos cursos de pós-graduação *lato sensu* do FGV Management.

Este livro foi impresso nas oficinas gráficas da Editora Vozes Ltda.,
Rua Frei Luís, 100 – Petrópolis, RJ.